AF336783

INSTRUCTION

DU 24 MARS 1899

POUR LE

CLASSEMENT DES CHEVAUX

JUMENTS, MULETS, MULES ET VOITURES ATTELÉES

SUSCEPTIBLES

D'ÊTRE REQUIS POUR LE SERVICE DE L'ARMÉE

SUIVIE DE

L'INSTRUCTION SPÉCIALE

POUR

L'INSPECTION DES VOITURES ATTELÉES

(Extrait du *Journal militaire*, 1er sem. 1899, n° 10.)

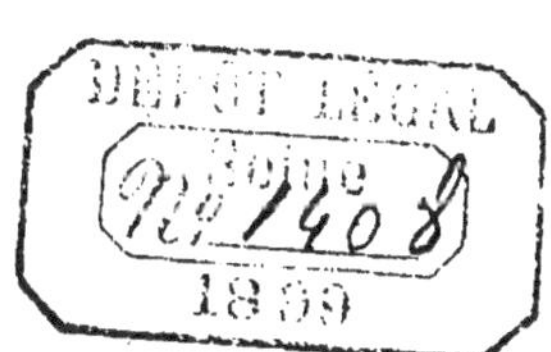

PARIS

LIBRAIRIE MILITAIRE R. CHAPELOT ET Cᵉ

IMPRIMEURS-ÉDITEURS

SUCCESSEURS DE L. BAUDOIN

30, Rue et Passage Dauphine, 30

1899

INSTRUCTION

DU 24 MARS 1899

pour le classement, en 1899, des chevaux, juments, mulets et mules et des voitures attelées susceptibles d'être requis pour le service de l'armée.

———————

Mon cher Général,

Conformément aux dispositions de l'article 38 de la loi du 3 juillet 1877 (titre VIII) et du décret du 2 août suivant, portant règlement d'administration publique pour l'exécution de cette loi (titre VIII, section 2), il sera procédé, dans le délai du 15 mai au 15 juin 1899, à l'inspection et au classement : 1° des chevaux et juments âgés de six ans et au-dessus, et des mulets et mules de quatre ans et au-dessus (l'âge étant compté du 1er janvier de l'année de la naissance); 2° des voitures susceptibles d'être requises.

Ces opérations seront réglées d'après les indications suivantes :

TITRE PREMIER.

DISPOSITIONS GÉNÉRALES ET OPÉRATIONS PRÉLIMINAIRES.

———————

Répartition du territoire.

Art. 1er. Les communes du territoire de chaque région sont divisées en trois catégories :

La première catégorie comprend les communes où le classement a lieu tous les ans ;

La deuxième catégorie comprend les communes où le classement a lieu les années de millésime pair ;

La troisième catégorie comprend les communes où le classement a lieu les années de millésime impair.

Les communes sont réparties entre ces trois catégories par les soins des généraux commandant les corps d'armée, suivant les besoins de la réquisition et d'après l'expérience des classements précédents, soit par département ou subdivision de région, soit par arrondissement ou par canton.

Les communes d'un même canton ne peuvent appartenir qu'à une seule des catégories visées ci-dessus.

La première catégorie comprend, d'ailleurs, le plus grand nombre possible de communes et autant que le permettent les crédits affectés au classement (1).

Le classement des animaux s'effectuera en 1899 dans toutes les communes de la première catégorie et dans celles de la troisième catégorie.

Crédits affectés au classement.

Art. 2. Il sera attribué à chaque région de corps d'armée un crédit-limite, déterminé au prorata des allocations prévues au budget. Il appartiendra aux commandants de corps d'armée, chacun en ce qui le concerne, de régler la composition du personnel, les itinéraires des commissions, les frais d'impression, etc., de façon que l'ensemble des dépenses ne soit ni supérieur ni trop inférieur au crédit qui leur est alloué.

Ils devront s'attacher à obtenir un emploi judicieux des dépenses par une fixation rationnelle de la date du commencement des opérations.

Il est, en effet, à remarquer que, dans la période assignée au classement (du 15 mai au 15 juin), on rencontre souvent deux jours fériés : le jeudi de l'Ascension et le lundi de la Pentecôte, journées donnant droit aux indemnités.

En 1899, les jours fériés de la Pentecôte sont seuls compris dans la période du classement.

Pour un certain nombre de commissions dont la durée d'opérations n'embrasse pas toute cette période, on pourra éviter le payement des indemnités, pendant un ou plusieurs jours fériés, en fixant le point de départ des opérations au mardi 23 mai, qui se trouve le lendemain des fêtes de la Pentecôte, ou encore en faisant clôturer les opérations la veille d'un dimanche.

Le Ministre attire également sur ces recommandations l'attention toute spéciale des commandants de corps d'armée; elles ne présentent pas toutefois un caractère absolu et leur application n'aura pas lieu dans le cas où elles seraient susceptibles de nuire à la bonne exécution des opérations du classement. Il doit, en outre, être bien entendu que, quelle que soit la combinaison adoptée, en aucun cas les opérations ne pourront commencer avant le 15 mai, ni se prolonger au delà du 15 juin, période légale.

---

(1) Cette prescription devra être strictement observée.

J'insiste tout particulièrement pour qu'aucune partie des crédits mis à la disposition des commandants de corps d'armée, en conformité de l'article 2, ne reste sans emploi. Ce résultat sera facilement obtenu en augmentant, dans une proportion correspondante au crédit alloué, les communes de la 1re catégorie.

J'appelle sur ce point toute l'attention des commandants de corps d'armée, car il y a un réel intérêt, au point de vue de la mobilisation, à ce que le classement ait lieu chaque année dans le plus grand nombre possible de communes.

La somme attribuée à chaque région sera notifiée d'une manière spéciale par le Ministre, sous le timbre de la 2e Direction (Bureau des Remontes).

Exécution du classement.

Art. 3. Le classement aura lieu, dans chaque commune soumise au classement, par les soins des commissions mixtes prévues à l'article 38 de la loi du 3 juillet 1877.

Les décisions de ces commissions sont définitives.

Les opérations de chaque commission ont lieu, dans les communes, à l'endroit désigné à l'avance par l'autorité militaire et sur le territoire même de la commune; il ne pourra être fait aucune exception à cette règle.

Circonscriptions des commissions de classement.

Art. 4. MM. les généraux commandant les corps d'armée répartiront les communes où le classement doit avoir lieu en circonscriptions de commission, dont le nombre devra être calculé de telle sorte que toutes les commissions opérant simultanément puissent terminer leur travail dans le délai ci-dessus indiqué, délai qui ne devra pas être dépassé.

Le nombre des commissions devra également être calculé d'après l'examen des ressources du recensement du mois de janvier 1899, en tenant compte, en ce qui concerne les chevaux et mulets, de ceux refusés définitivement ou réformés aux précédents classements, et qui ne doivent plus être présentés.

Chaque commission devra, quand les distances à parcourir seront peu considérables et lorsque le nombre d'animaux et de voitures attelées le permettra, examiner trois ou quatre communes par jour, sous la réserve, toutefois, que le classement sera effectué avec tout le soin désirable.

Aucune commission ne devra opérer dans deux subdivisions différentes.

Un même canton ne devra jamais être fractionné entre deux commissions.

Dans chaque corps d'armée ou gouvernement militaire, toutes les commissions, sans exception, seront désignées par une série unique de numéros.

Le travail de répartition devra m'être adressé le 10 avril prochain au plus tard, en double expédition, l'une : Bureau des Remontes; l'autre Bureau du Matériel de l'artillerie et des équipages militaires, sous la forme indiquée par l'état B ci-joint pour chaque subdivision de région.

TITRE II.

PERSONNEL EMPLOYÉ AU CLASSEMENT DES ANIMAUX ET DES VOITURES ATTELÉES.

Composition des commissions de classement.

Art. 5. Les commissions mixtes chargées de procéder au classement des animaux et des voitures attelées sont composées, aux termes de l'article 38 de la loi du 3 juillet 1877 :

1º D'un officier, président, ayant voix prépondérante en cas de partage des voix ;

2º D'un membre civil choisi dans la commune, ayant voix délibérative ;

3º D'un vétérinaire militaire ou d'un vétérinaire civil ou, à défaut, d'une personne compétente habitant la commune et désignée par le maire, ayant voix consultative.

Officiers présidents.

Art. 6. Les officiers présidents sont désignés par les soins du général commandant le corps d'armée.

Ces officiers sont choisis parmi ceux de l'armée active, de la réserve ou de l'armée territoriale (1) appartenant à la cavalerie, à l'artillerie (à l'exclusion de l'artillerie à pied), au train des équipages militaires ou au service éventuel des remontes et des réquisitions.

Peuvent également être désignés pour ces fonctions, des officiers de gendarmerie de l'armée active, de la réserve ou de l'armée territoriale (2).

Les désignations des officiers de l'armée active sont réparties aussi également que possible sur les corps de troupes à cheval de chaque région. Ils sont choisis de préférence parmi ceux ayant déjà opéré les années précédentes et qui doivent, en cas de mobilisation, présider des commissions de réquisition.

Il pourra être désigné des officiers de réserve et de l'armée territoriale n'ayant pas servi dans l'armée active, sous la réserve expresse que ces officiers posséderont toute l'aptitude désirable.

---

(1) Les officiers de réserve et de l'armée territoriale, autres que ceux susceptibles d'être désignés d'office ou retraités en vertu de la loi du 22 juin 1878, ne peuvent être désignés qu'avec leur consentement; ils sont en uniforme. Ces dispositions sont également applicables aux vétérinaires.

Les officiers retraités, qui ne sont pas pourvus d'un grade d'officier de réserve ou de l'armée territoriale, ne peuvent pas être employés au classement.

(2) Dans la gendarmerie de l'armée active, le choix des présidents de commission de classement devra porter exclusivement sur des officiers provenant des armes à cheval et pourvus de la présidence d'une commission de réquisition en cas de mobilisation.

Vétérinaires.

Art. 7. Tous les vétérinaires militaires du cadre actif qui pourront, sans inconvénient, être employés aux opérations du classement, seront désignés, dans chaque corps d'armée, par le général commandant.

Toutefois, les vétérinaires chefs de service ne devront être désignés que lorsque la date de ces opérations ne coïncidera pas avec celle des inspections du service vétérinaire, afin qu'ils y soient présents.

Les aides-vétérinaires stagiaires de l'Ecole d'application de cavalerie participeront aux opérations du classement.

En vue de réduire les dépenses de transport et d'indemnité, ces aides-vétérinaires seront désignés, dans la proportion suivante, pour des commissions opérant dans les régions de corps d'armée les plus rapprochées de Saumur, savoir :

3 à chacune des 4e, 5e, 9e, 10e et 11e régions.

Les aides-vétérinaires stagiaires seront mis à la disposition des commandants de corps d'armée sur demande adressée directement au commandant de l'Ecole, lequel recevra des instructions en conséquence.

Le nombre des aides-vétérinaires stagiaires étant de 18, trois seront maintenus à Saumur pour assurer le service.

A défaut de vétérinaires militaires de l'armée active, de vétérinaires de réserve et de l'armée territoriale, des vétérinaires civils seront désignés par les préfets, sur la demande de MM. les généraux commandant les corps d'armée.

Pour faciliter, autant que possible, la tâche de chacun d'eux et ne pas les distraire trop longtemps de leur clientèle, des substitutions pourront être faites, de telle sorte que plusieurs vétérinaires civils soient appelés à faire partie successivement de la même commission. Toutefois, et pour des raisons d'économie, comme il est dit à l'article 8 ci-après, ces substitutions ne peuvent se faire dans la même journée d'opérations, quel que soit le nombre des communes visitées dans cette journée.

Ces choix seront faits avec le plus grand soin, de manière à sauvegarder à la fois les intérêts de l'Etat et ceux des populations; ils devront porter de préférence sur d'anciens vétérinaires militaires.

Les désignations faites seront notifiées par les préfets aux généraux commandant les corps d'armée, qui arrêteront alors définitivement la composition des commissions.

Les vétérinaires civils, ceux de la réserve et de l'armée territoriale devront toujours être affectés à une commission opérant en dehors de la circonscription de leur domicile.

Dans le cas où le vétérinaire militaire ou le vétérinaire civil viendrait à faire défaut, une personne compétente devra être désignée à l'avance par le maire dans chaque commune.

Dispositions communes aux officiers et vétérinaires de réserve ou de l'armée territoriale.

Art. 8. Des officiers et des vétérinaires militaires de réserve et de l'armée territoriale pourront être désignés d'office pour faire partie des commissions de classement ; dans ce cas, ils seront convoqués comme pour un stage d'instruction au titre de leurs corps ou services, et pour une durée qui ne pourra excéder 28 jours pour les officiers et vétérinaires de réserve, et 15 jours pour ceux de l'armée territoriale.

Les allocations déterminées pour ces officiers et vétérinaires (titre III) seront payées exclusivement sur le crédit alloué à la région de corps d'armée, au titre du chapitre XXXI du budget (Service de l'Indemnité de route).

Les officiers et vétérinaires de l'armée territoriale appelés d'office pour une période de 15 jours, pourront être maintenus, avec leur consentement, jusqu'à la fin des opérations du classement.

Dans le cas contraire seulement, des substitutions pourront être faites dans le personnel d'une commission, de telle sorte que plusieurs officiers ou vétérinaires soient appelés à faire partie successivement de cette même commission. Toutefois, et pour des raisons d'économie, cette substitution ne devra pas avoir lieu dans la même journée.

Chaque commandant de corps d'armée ne pourra convoquer que les officiers et vétérinaires de réserve et territoriaux appartenant à un corps de troupe stationné sur le territoire de sa région, quelle que soit la résidence de ces officiers.

Les officiers et vétérinaires de réserve et de l'armée territoriale affectés à des dépôts de remonte ou à d'autres services (étapes, etc.), seront toujours convoqués dans la région de corps d'armée de leur résidence.

En résumé, les commandants de corps d'armée auront toute latitude pour fixer la proportion des officiers et vétérinaires de réserve et de l'armée territoriale à employer au classement, en tenant compte des dispositions qui précèdent, et sous la condition de ne pas dépasser, dans l'ensemble des dépenses, le crédit alloué à leur région.

Membres civils.

Art. 9. Les membres civils sont désignés par les soins du préfet.

Dans aucun cas, le maire de la commune ou son suppléant légal, dont la présence est obligatoire pendant la durée des opérations de la commission de classement, ne pourra être désigné comme membre civil de ladite commission.

Secrétaires des commissions et militaires de la gendarmerie.

Art. 10. A chaque commission est attaché un sous-officier ou brigadier de corps de troupes à cheval de l'armée active, qui remplit les fonctions de secrétaire.

Autant que possible, ce sous-officier ou brigadier est pris dans le corps auquel appartient l'officier président de la commission, quand celui-ci fait partie de l'armée active.

Des sous-officiers ou caporaux réservistes des sections de secrétaires d'état-major et du recrutement pourront être employés à ce service.

On pourra également affecter aux commissions de classement les sous-officiers ou brigadiers appartenant à la réserve ou à l'armée territoriale, désignés pour être employés dans les commissions de réquisition. Ces sous-officiers ne pourront, d'ailleurs, être convoqués que s'ils ont encore une période d'instruction à accomplir.

Les commandants de corps d'armée devront adresser des recommandations spéciales aux chefs de corps ou de service, pour que les militaires qui seront désignés comme secrétaires des commissions de classement possèdent effectivement toute l'aptitude que ces fonctions comportent.

Deux militaires de la gendarmerie, au moins, assistent aux opérations et maintiennent l'ordre, sous l'autorité du président de la commission (1).

L'un de ces militaires tient la toise, qu'il remet au vétérinaire au moment de toiser chaque animal présenté.

En ce qui concerne les militaires de la gendarmerie, j'insiste tout particulièrement pour que leur emploi soit strictement limité aux attributions ci-dessus indiquées. Les présidents de commission devront s'abstenir de leur confier toutes fonctions étrangères à ces attributions.

Constitution définitive des commissions.

Art. 11. Lorsque les désignations des vétérinaires civils et des membres civils ont été communiquées aux généraux commandant les corps d'armée, ceux-ci arrêtent définitivement la composition des commissions.

Contrôle des opérations des commissions.

Art. 12. Les généraux commandant les corps d'armée pourront désigner les commandants des dépôts de remonte placés sur leur territoire pour contrôler les opérations du classement des chevaux et mulets; avis en sera donné aux commandants des circonscriptions de remonte, en ce qui concerne les dépôts faisant partie des circonscriptions de Caen et de Tarbes. Pour les dépôts placés en dehors des circonscriptions de remonte, cet avis sera adressé à M. le général inspecteur général permanent des remontes.

Les généraux commandant les corps d'armée pourront également désigner pour ce contrôle des officiers de leur état-major.

---

(1) Les chefs de brigade de gendarmerie recevront avis de l'itinéraire suivi par les commissions de classement dans la circonscription de leur brigade.

TITRE III.

INDEMNITÉS AUX MEMBRES DES COMMISSIONS ET AUTRES PERSONNES.

Personnel de l'armée active.

Art. 13. Les officiers de l'armée active, les vétérinaires militaires et les sous-officiers ou brigadiers secrétaires de l'armée active qui opèrent dans le lieu de leur garnison n'ont droit à aucune indemnité.

Ceux qui opèrent hors de leur résidence ont droit, savoir :

Pour rejoindre la localité où commencent les opérations de classement, à l'indemnité de route dans les conditions déterminées par le règlement du 15 décembre 1898 sur les frais de route.

A une indemnité journalière, pour chaque journée comprise entre le premier et le dernier jour des opérations de classement.

Cette indemnité est fixée, savoir :

A 12 francs, pour les officiers supérieurs de l'armée active ;

A 10 francs, pour les officiers subalternes et les vétérinaires militaires de l'armée active (1) ;

A 3 francs, pour les sous-officiers secrétaires et à 2 francs pour les brigadiers ou caporaux secrétaires (2).

Les mêmes indemnités de 12 francs, de 10 francs, de 3 francs et de 2 francs sont allouées, suivant le cas, pour les jours de repos, pendant le cours des opérations ; toutefois, les indemnités ci-dessus ne sont pas dues pour les journées de repos lorsque ces militaires peuvent, en raison de la distance, rentrer à leur corps sans perte de temps ou sans dépense appréciable ;

A l'indemnité de route, pour se rendre de la dernière localité où ils ont opéré à leur résidence.

Les indemnités journalières de 12 francs, de 10 francs, de 3 francs et de 2 francs ne peuvent, en aucun cas, se cumuler avec l'indemnité journalière de route.

Quand les officiers de l'armée active, présidents des commissions, sont convoqués hors de leur résidence par le général commandant le corps d'armée, afin de recevoir des instructions spéciales, ils n'ont droit qu'à l'indemnité de route.

Personnel de la réserve et de l'armée territoriale et vétérinaires civils.

Art. 14. Pour les journées d'opération au lieu de leur résidence, les officiers et vétérinaires de réserve ou de l'armée territoriale

---

(1) Ces officiers et vétérinaires recevront, en outre, une indemnité représentative de fourrages de 2 francs par jour pour la nourriture des chevaux qu'ils sont autorisés à emmener au titre de leur corps, ainsi qu'il est dit à l'article 19.

(2) Tarif n° 2 annexé au règlement du 15 décembre 1898 sur le service des frais de route.

reçoivent une indemnité égale à la solde de leur grade, sans que, toutefois, cette indemnité puisse être inférieure à 10 francs.

Dans le même cas, l'indemnité des vétérinaires civils sera de 10 francs.

Les mêmes indemnités seront allouées, suivant le cas, pour les jours de repos, pendant le cours des opérations, mais seulement quand les ayants droit pourront, en raison de la distance, rentrer au lieu de leur résidence sans perdre de temps ou sans dépense appréciable.

Dans tous les autres cas, l'indemnité de déplacement hors du lieu de résidence est fixée à 18 francs.

Ces diverses indemnités sont exclusives de toute allocation de solde et de toute indemnité de route ou autre.

Elles sont dues aux officiers présidents, lorsqu'ils sont convoqués par le général commandant le corps d'armée pour recevoir des instructions spéciales, comme il est dit ci-dessus.

La personne habitant la localité, qui est appelée à remplacer le vétérinaire, reçoit une indemnité de 10 francs pour chaque journée d'opération. Dans le cas où la commission visiterait plusieurs communes dans la même journée, cette indemnité serait réglée au prorata du temps passé dans chaque commune, sans toutefois que la somme à payer puisse être inférieure à 3 francs sans comporter de fraction de franc.

Les sous-officiers ou brigadiers secrétaires appartenant à la réserve ou à l'armée territoriale reçoivent la même indemnité que les secrétaires de l'armée active.

Membres civils.

Art. 15. Il n'est alloué aucune indemnité aux membres civils (art. 38 de la loi du 3 juillet 1877).

Droit au logement.

Art. 16. Les officiers et vétérinaires (à l'exclusion des vétérinaires civils) ont droit au logement chez l'habitant ainsi que les sous-officiers ou caporaux secrétaires. Cette disposition devra être mentionnée sur l'ordre de service.

En outre, les officiers et vétérinaires militaires de l'armée active ne subiront aucune retenue pour le logement en nature, par application du paragraphe 5 de l'article 78 du règlement du 29 mai 1890 sur le service de la solde.

Afin de faciliter les opérations du classement, le personnel d'une commission pourra séjourner dans une commune et se rendre de là, chaque jour, dans les communes environnantes, sans déplacer son gîte.

Le logement de ces militaires ne donnera droit à l'indemnité, pour les communes, que dans le cas prévu par l'article 15 de la loi du 3 juillet 1877, les articles 31 et 32 du décret du 2 août suivant (1).

Payement des indemnités.

Art. 17. Ces indemnités sont payées à la fin des opérations, au moyen de mandats délivrés par les sous-intendants militaires sur le vu des feuilles itinéraires (modèle n° 1) transmises par les présidents des commissions opérant dans leur ressort et émargées chaque jour par les ayants droit. Dans le cas prévu à la fin du 7° paragraphe de l'article 14, le nombre des heures de présence du suppléant du vétérinaire sera indiqué par le président au-dessus de l'émargement de la personne intéressée.

L'itinéraire devra, en outre, indiquer le nombre de jours passés en route, soit pour l'aller, soit pour le retour, par les officiers et vétérinaires de la réserve et de l'armée territoriale et par les vétérinaires civils.

Toutefois, les indemnités dues aux présidents et aux vétérinaires des commissions de classement, appartenant à la réserve et à l'armée territoriale, sont mandatées par le fonctionnaire de l'intendance chargé du service des frais de route au chef-lieu de la subdivision de région dans laquelle opèrent lesdites commissions.

Dans le cas où il n'y a pas de sous-intendant militaire au chef-lieu de la subdivision de région, le mandatement est effectué par le sous-intendant militaire de la place la plus rapprochée appartenant au corps d'armée dans lequel est située la subdivision de région.

Les mandats d'avance sont préparés avant le commencement des opérations et sont adressés à la brigade de gendarmerie du canton dans lequel les opérations doivent commencer. Les mandats pour solde des indemnités dues sont établis de façon à être remis aux destinataires le jour où les opérations doivent se terminer.

La dépense sera imputée sur le crédit alloué à la région de corps d'armée au titre du chapitre XXXI du budget (Service de l'Indemnité de route) (2).

---

(1) Afin d'éviter toute difficulté, les préfets devront mentionner sur les affiches que les membres militaires des commissions de classement, ainsi que les cavaliers qui les accompagnent, ont droit au logement chez l'habitant, sauf dans les cas prévus à l'article 15 de la loi.

De leur côté, les commandants de corps d'armée donneront avis aux maires des communes, quelque temps à l'avance, du nombre d'officiers et d'hommes qui y séjourneront et du nombre de jours pendant lequel le droit au logement sera exercé.

Il sera spécifié, en outre, que le personnel des commissions ne pourra séjourner plus de trois nuits dans une commune qu'exceptionnellement et en cas de nécessité absolue.

(2) Il doit être bien entendu que le crédit alloué à la région de corps d'armée ne comporte pas la dépense résultant de l'allocation de l'indemnité représentative journalière de 2 francs, attribuée pour la nourriture des chevaux des membres militaires des commissions. Ainsi qu'il est dit à l'article 19, cette dépense sera supportée par le budget des fourrages.

Avances à faire aux divers personnels.

Art. 18. Des avances pourront être faites successivement par les soins des fonctionnaires de l'intendance, jusqu'à concurrence de la moitié du service probable ou restant à faire, aux officiers et vétérinaires de réserve ou de l'armée territoriale et aux vétérinaires civils.

Quant aux officiers de l'armée active présidents des commissions, ainsi qu'aux vétérinaires militaires, les corps auxquels ils appartiennent leur feront des avances pouvant s'élever également à la moitié du service probable.

D'autres avances peuvent leur être faites par les soins des fonctionnaires de l'intendance au cours des opérations, et toujours dans la limite de la moitié du service restant à faire.

En ce qui concerne les sous-officiers ou brigadiers secrétaires, la totalité des indemnités qui peuvent leur être dues est remise, dès le début des opérations, par le corps aux officiers de l'armée active, présidents des commissions, qui les leur délivrent au jour le jour.

Les avances faites par les corps seront portées en dépense aux fonds divers, et le remboursement sera effectué intégralement par les officiers et vétérinaires militaires débiteurs aussitôt après payement du solde de ces indemnités.

Ce solde est payé aux intéressés par le fonctionnaire de l'intendance dans le ressort duquel se trouve le corps auquel ils appartiennent et qu'ils doivent rejoindre aussitôt après les opérations de classement terminées.

Quand le président est officier de réserve ou de l'armée territoriale, il reçoit, au début des opérations, un mandat, comprenant la totalité des indemnités qui seront dues au sous-officier, brigadier ou caporal secrétaire auquel elles sont délivrées au jour le jour. Le président certifie au bas de l'itinéraire (modèle n° 1) la remise de ces indemnités à l'ayant droit.

Chevaux à emmener par les présidents des commissions.

Art. 19. Les officiers peuvent être autorisés à emmener un ou deux chevaux de trait pour les atteler à une voiture de louage ; ils doivent avoir le plus grand soin de ces animaux, sous peine d'engager leur responsabilité.

Les officiers qui profitent de cette autorisation peuvent emmener avec eux un cavalier pour être chargé du soin et de la garde de ces animaux.

Quand il s'agit d'officiers de l'armée active, les cavaliers et les animaux doivent toujours faire partie du corps auquel appartiennent ces officiers ; les cavaliers et les chevaux à accorder aux officiers de réserve ou de l'armée territoriale seront pris dans le corps le plus voisin du lieu des opérations.

Ces cavaliers ont droit à une indemnité de 2 francs par journée de déplacement, payable sur le crédit alloué à la région de corps d'armée au titre du Service de l'Indemnité de route (chapitre XXXI). Cette indemnité est exclusive de toute autre prestation en deniers ou en nature et les droits seront établis dans les conditions indiquées à l'article 13 pour les sous-officiers et brigadiers de l'armée active secrétaires de commissions. Le nom de ces cavaliers doit toujours figurer sur l'itinéraire (1).

Les officiers présidents des commissions leur délivrent, chaque jour, la somme nécessaire à leur subsistance, au moyen d'avances faites, comme il est dit plus haut, pour les sous-officiers, brigadiers ou caporaux secrétaires; ils indiquent sur l'itinéraire (modèle nº 1) le nombre de journées de déplacement de ces militaires, et ils certifient qu'ils leur ont remis, ainsi qu'aux sous-officiers et brigadiers ou caporaux secrétaires, les sommes auxquelles ils ont droit.

Il sera pourvu à la nourriture des animaux emmenés par les officiers et vétérinaires au moyen de l'indemnité représentative de fourrages de 2 francs par jour et par cheval prévue par le tarif nº 19 annexé au décret du 27 décembre 1890.

Provisoirement, cette indemnité, qui sera allouée dans les conditions indiquées à l'article 14 (tableau 2, nº 12ª) du décret du 29 mai 1890, devra être régularisée dans une colonne spéciale des revues de liquidation, afin de permettre à l'administration centrale d'effectuer le report de la dépense du budget de la solde qui en fait l'avance à celui des fourrages.

Quant au transport des chevaux de trait, du lieu de garnison au lieu qui sert de point de départ à l'itinéraire de chaque commission, il ne sera opéré par les voies ferrées qu'en cas d'urgence et avec l'autorisation du général commandant le corps d'armée. Dans ce cas seulement, le transport sera effectué au compte de l'Etat.

Voitures de louage.

Art. 20. Des accidents surviennent fréquemment chaque année aux voitures de louage employées pour le transport des membres des commissions de classement des animaux de réquisition.

Ces accidents proviennent généralement, soit de l'état défectueux des véhicules loués par les commissions, soit du manque d'habileté à conduire des cavaliers que ces dernières sont autorisées à emmener, soit enfin du dressage insuffisant ou du caractère ombrageux des chevaux de troupe, destinés à constituer l'attelage.

Les conséquences matérielles desdits accidents, qui, jusqu'à ce jour, ont été supportées par l'Etat, grèvent le Trésor de charges qu'il importe d'atténuer dans la mesure du possible.

---

1) Ces cavaliers auront droit, en outre, au logement chez l'habitant.

Le Ministre a, par suite, décidé que, tout en admettant en principe la responsabilité de l'Etat en matière de dommages causés aux voitures particulières louées par les présidents des commissions dont il s'agit, cette responsabilité pourra se trouver atténuée ou même annulée en cas de fautes personnelles imputables, dans la circonstance, à ces officiers. Par voie de conséquence, ces derniers seront susceptibles, le cas échéant, d'être rendus pécuniairement responsables, en tout ou partie, des conséquences des accidents survenus aux véhicules loués par eux.

Pour éviter d'encourir l'application de mesures de cette nature, il appartiendra aux intéressés de s'assurer exactement du degré d'habileté professionnelle des cavaliers destinés à leur servir de conducteurs, aussi bien que du bon dressage et du tempérament des chevaux de troupe mis à leur disposition. Il conviendra également qu'ils vérifient avec soin, avant d'en faire usage, l'état des voitures qu'ils prendront en location, et qu'ils ne prennent possession de ces véhicules qu'après avoir constaté qu'ils peuvent être employés sans danger. Il est arrivé, en effet, que pour diminuer les frais de location, certains membres des commissions ont cru pouvoir utiliser des harnais fatigués ou des voitures défectueuses qui ont été l'unique cause des accidents survenus.

Indemnités aux militaires de la gendarmerie et aux commandants des dépôts de remonte.

Art. 21. Il sera alloué aux militaires de la gendarmerie, pour tout le temps qu'ils prêteront leur concours aux commissions de classement, l'indemnité journalière exceptionnelle prévue par le tarif n° 2 du décret du 15 décembre 1898. Cette indemnité servira aux gendarmes à pourvoir, pendant la durée de leur mission, à toutes leurs dépenses personnelles et de transport.

Les commandants des dépôts de remonte et les officiers d'état-major, chargés de contrôler les opérations du classement des chevaux et mulets, auront droit, sur les fonds du chapitre XXXI, comme les officiers présidents de commissions, à l'indemnité de 12 francs ou de 10 francs pendant le cours de leur inspection, et seulement à l'indemnité de route, pour se rendre de leur garnison au lieu d'opération de la première commission à inspecter, et pour retourner à leur garnison.

Les dispositions de l'article 19, relatives aux chevaux à emmener par les présidents de commissions, pourront leur être appliquées.

Observation générale.

Art. 22. Aucune autre indemnité que celles prévues dans la présente instruction n'est due aux parties prenantes y désignées.

TITRE IV.

ITINÉRAIRES DES COMMISSIONS.

Établissement des itinéraires.

Art. 23. Dans les circonscriptions de commissions de classement déterminées conformément à l'article 4, les itinéraires des commissions sont établis de façon qu'il n'y ait aucune perte de temps et en s'inspirant, dans la mesure du possible, des recommandations faites à l'article 2.

Ils sont tracés de telle sorte que les opérations n'aient pas lieu les jours de grands marchés ou de foires.

Les commissions n'opéreront pas les dimanches et jours fériés.

Les itinéraires fixés sur ces bases par les généraux commandant les corps d'armée sont complétés, pour chaque commission par l'indication des lieu, date et heure de réunion dans chaque commune.

Les membres des commissions doivent se conformer aux indications des itinéraires pour toute la durée des opérations.

Chaque itinéraire (modèle n° 1) me sera adressé le 20 avril avec les noms des officiers, vétérinaires et sous-officiers ou brigadiers désignés, en double expédition : l'une sous le timbre du Bureau des Remontes ; l'autre sous le timbre du matériel de l'artillerie et des équipages militaires.

Notification des itinéraires.

Art. 24. Les itinéraires seront notifiés, le 20 avril au plus tard, aux préfets, qui en informeront immédiatement les membres civils et les vétérinaires désignés pour faire partie des commissions.

Les membres militaires seront également avisés sans délai par l'autorité dont ils relèvent.

Publication dans les communes par affiches.

Art. 25. Les préfets feront publier dans les communes par voie d'affiche, indépendamment de toutes publications qui pourraient être faites sur la voie publique, un avis invitant les propriétaires à présenter leurs animaux au jour, à l'heure et à l'endroit où doit avoir lieu l'opération.

Ces affiches devront être apposées huit jours au moins à l'avance et en aussi grand nombre que possible, non seulement à la porte de la mairie, mais encore dans chacun des groupes d'habitations les plus importants ou les plus éloignés du centre de la commune.

Elles indiqueront l'endroit exact où sera fait le classement ; dans les grandes villes, elles porteront l'heure et le jour auxquels les personnes de chaque quartier et de chaque rue doivent présenter leurs animaux.

Elles mentionneront que les propriétaires qui ne pourraient venir eux-mêmes devant la commission doivent faire présenter leurs animaux et leurs voitures attelées par des personnes en mesure de fournir toutes les explications désirables.

Les convocations individuelles ne sont pas exigibles ; quand les municipalités jugeront à propos d'en établir, ces convocations seront à leur charge et sous leur responsabilité. Les officiers, sous-officiers et brigadiers ou caporaux ne doivent, dans aucun cas, être employés au travail de convocation des propriétaires.

La publication par affiche étant seule obligatoire, les affiches devront mentionner que le défaut de tout autre mode de publicité ne constitue pas une excuse pour les propriétaires qui ne présenteraient pas leurs animaux et leurs voitures attelées.

Les maires reçoivent, par les soins des préfets et en nombre suffisant, les affiches nécessaires. Ils leur en accusent réception immédiatement.

Cas d'empêchement d'un membre de la commission.

Art. 26. En cas d'empêchement imprévu de l'un des membres ayant voix délibérative, au cours des opérations, il sera procédé comme il suit :

Le membre militaire étant momentanément indisponible, la commission continuera ses opérations sous la présidence du membre civil, si, d'ailleurs, elle comprend un vétérinaire militaire. Dans ce cas, ce dernier aura voix délibérative, et le membre civil aura voix prépondérante.

Dans le cas déjà cité d'indisponibilité du membre militaire, si la commission n'a pas de vétérinaire militaire, les opérations sont suspendues.

Le membre civil, délégué dans chaque commune par le préfet, est suppléé, en cas d'indisponibilité, par une autre personne désignée à l'avance dans la même localité par les soins de ce haut fonctionnaire.

Si le vétérinaire fait défaut, il est remplacé, comme il a été dit plus haut, par une personne compétente désignée à l'avance.

Dans tous les cas, le président de la commission rend compte immédiatement à l'autorité militaire et à l'autorité civile des faits qui auront motivé des modifications imprévues dans la composition de la commission, et provoque en même temps le remplacement, aussi prompt que possible, du membre devenu indisponible.

Cas d'empêchement de la réunion de la commission.

Art. 27. Dans le cas où, pour une cause quelconque, une commission ne pourrait opérer aux lieu, jour et heure indiqués par l'itinéraire, le président en préviendra immédiatement le maire de

la commune et fixera, après en avoir référé au commandement, une nouvelle date de convocation à la fin de l'itinéraire primitivement arrêté; avis m'en sera donné immédiatement (Bureau des Remontes et Bureau du Matériel de l'artillerie et des équipages militaires) par le général commandant le corps d'armée.

TITRE V.

OPÉRATIONS DES COMMISSIONS.

Dispositions générales.

Art. 28. Quelques jours avant les opérations, les généraux commandant les corps d'armée sont autorisés à réunir les officiers présidents des commissions pour leur donner les instructions spéciales qui pourront leur paraître nécessaires.

Les officiers présidents des commissions, ainsi que les autres membres, ne devront pas perdre de vue qu'ils ont à remplir une mission délicate et importante, qui doit concilier autant que possible les intérêts de l'Etat et ceux des particuliers. Ils devront donc éviter avec le plus grand soin, au cours des opérations de classement, toute cause de conflit avec les propriétaires et y apporter une grande prudence et un langage mesuré, sans se départir d'ailleurs de la fermeté nécessaire.

Présence obligatoire, aux opérations de la commission, du maire et du secrétaire de la mairie.

Art. 29. Le maire de la commune ou son suppléant légal est tenu d'assister aux opérations et de fournir à la commission tous les renseignements qui lui sont demandés et notamment les tableaux de classement (modèle n° 2) établis en 1896, 1897 et 1898, le tableau n° 2 *bis* relatif au classement des voitures en 1893 et 1896, les registres de déclaration des chevaux (modèle A) (1) et les listes de recensement (modèle B) dressées pour 1895, 1896, 1897, 1898 et 1899, ainsi que les registres du recensement (modèle n° 1) des voitures, dressés pour 1896 et 1899.

Le secrétaire de la mairie doit être également présent aux opérations du classement et aider la commission dans toutes les recherches à faire sur les registres et listes dressés par les soins de la municipalité; toutefois, il ne devra, dans aucun cas, être chargé d'un travail d'écritures, ce soin incombant exclusivement au secrétaire militaire.

---

(1) Le registre de déclaration et la liste de recensement pour 1899 sont mis au courant, par les soins du maire, pour tous les animaux qui n'y figureraient pas, soit parce qu'ils n'auraient pas été déclarés précédemment, soit parce qu'ils auraient été introduits dans la commune depuis le commencement de l'année, soit pour tout autre motif.

Des recommandations toutes spéciales devront être faites sur ce point aux présidents des commissions de classement.

Art. 30. Les propriétaires, prévenus à l'avance du passage des commissions, comme il est dit au titre IV, art. 25, § 3, doivent présenter, dans l'endroit désigné, aux jour et heure indiqués, tous les chevaux, juments, mulets et mules en leur possession, ayant atteint l'âge minimum fixé par la loi, compris ou non dans les classements antérieurs.

Tout animal non attelé doit être présenté isolément, muni d'un bridon (1).

Les animaux attelés devront être dételés, si le président de la commission en reconnaît la nécessité, pour l'examen particulier de ces animaux.

Dans le cas où un propriétaire ou son représentant se refuserait à faire trotter lui-même son cheval, il ne pourra y être contraint. Si le président de la commission juge l'opération indispensable pour déterminer le classement de l'animal, il le fera trotter par le cavalier mis à sa disposition pour conduire et soigner l'attelage de la voiture.

Les seuls animaux dispensés de la présentation sont :

1° Les juments en état de gestation constatée par des certificats de saillie revêtus du visa du maire et appuyés de l'affirmation de deux témoins, et les juments suitées d'un poulain ou notoirement reconnues comme consacrées à la reproduction (2). Cette dernière condition ne sera admise que sur le témoignage de deux propriétaires possédant des chevaux, juments, mulets ou mules compris dans le classement;

2° Les animaux qui ont été réformés lors des classements antérieurs, en raison de tares, de mauvaise conformation, de vieillesse et d'usure ou de vices qui les rendent impropres au service de l'armée.

Tous les animaux réformés, refusés conditionnellement ou ajournés pour défaut de taille ont, d'ailleurs, été indiqués comme tels par les officiers présidents des commissions de classement ayant fonctionné antérieurement, sur les registres de déclaration ou listes de recensement du mois de janvier qui a précédé chacun de ces classements;

3° Les animaux autres que ceux indiqués aux paragraphes 1° et 2° ci-dessus et mentionnés à l'état A (de 1° à 9°) joint à la présente instruction.

Les propriétaires qui présenteraient, en faisant sciemment de

---

(1) Cette disposition devra être insérée dans les affiches.

(2) Cette disposition ne s'applique qu'aux juments consacrées *spécialement* à la reproduction, à l'exclusion des juments de travail, lesquelles ne doivent être exemptées que si elles sont en état de gestation apparente ou suitées d'un poulain.

fausses déclarations, des animaux déjà refusés définitivement ou réformés antérieurement, aux lieu et place d'autres animaux aptes au service, pourront être déférés aux tribunaux, conformément à l'article 52 de la loi du 3 juillet 1877, et condamnés à une amende de 50 à 2,000 francs.

Le président de la commission peut, à cet effet, requérir la gendarmerie de dresser un procès-verbal qui reçoit la destination indiquée au titre VII ci-après.

Opérations du classement.

Art. 31. Avant de commencer les opérations, le président de la commission collationne avec soin la liste de recensement des animaux pour 1899 avec le registre de déclaration pour la même année.

Il relève sur le registre de déclaration les chevaux ajournés de l'année précédente pour défaut de taille qui ne figurent pas sur la liste de recensement, et les ajoute au crayon sur cette liste pour en exiger la présentation.

Au moyen de cette liste qui a dû être établie par ordre alphabétique, il appelle successivement les propriétaires. Chacun d'eux présente sans interruption tous les animaux qui lui appartiennent.

Chaque animal est toisé, puis classé, s'il y a lieu, d'après sa taille ou sa conformation, dans l'une des catégories ci-après :

		Taille.
1re CATÉGORIE.	Cavalerie de réserve (cuirassiers)	1^m,54 et au-dessus.
2e —	Cavalerie de ligne (dragons)	1^m,50 à 1^m,54.
3e —	Cavalerie légère (chasseurs et hussards)	1^m,47 à 1^m,50.
4e —	Artillerie (selle)	1^m,48 à 1^m,54.
5e —	Artillerie (trait léger)	1^m,46 à 1^m,60.
6e —	Train (gros trait)	1^m,46 et au-dessus.
7e —	Mulets (de bât)	1^m,42 et au-dessus.
8e —	Mulets (trait léger)	1^m,42 et au-dessus.
9e —	Mulets (gros trait)	1^m,42 et au-dessus.

En Corse, exceptionnellement, le minimum de la taille fixée est de 1^m,40 pour les chevaux et juments, et de 1^m,36 pour les mulets et mules.

Dans le département des Alpes-Maritimes, le minimum de la taille des mulets et mules est abaissé à 1^m,40.

Le minimum de taille pour chaque catégorie est obligatoire; au contraire, le maximum n'a rien d'absolu; c'est-à-dire qu'un cheval dépassant le maximum d'une catégorie peut, néanmoins, y être classé, s'il ne présente pas la vigueur et la conformation nécessaires pour la catégorie supérieure.

L'officier président doit s'assurer par lui-même de l'intégrité des aplombs et des membres; il se tient près du cheval lorsque le vétérinaire le toise ; il le fait marcher devant lui au pas ou au trot afin de pouvoir juger, non seulement quel est le classement qui lui convient, mais encore si le cheval est réellement capable de faire, dans l'armée, un assez bon service de guerre pour que son achat ne soit pas trop onéreux à l'Etat.

Les quatre premières catégories d'animaux reconnus aptes au service comprennent des chevaux d'officiers (ou de tête) et des chevaux de troupe. Les chevaux d'officiers doivent justifier cette qualification par leur distinction et leurs allures, et, autant que possible, être exempts de tares (1).

Les chevaux entiers ne peuvent être classés que dans la sixième catégorie. Les plus légers seront utilisés pour remonter les cadres des compagnies du train ayant à conduire des voitures de réquisition attelées de chevaux entiers (2).

Il n'est tenu aucun compte des robes pour le classement par catégories.

Les animaux classés ne font l'objet d'aucune estimation, leur classement devant servir de base au règlement des indemnités en cas de réquisition.

Dans les commissions désignées par le général commandant le corps d'armée, l'officier président relèvera les mesures indiquées ci-après sur un certain nombre d'animaux qui auront été classés dans les 5e, 6e, 8e et 9e catégories et qui représentent, dans chacune d'elles, les différents types qui s'y rencontrent le plus fréquemment, savoir :

1o Longueur de la tête prise d'une commissure des lèvres à l'autre en passant par-dessus la nuque en arrière des oreilles. Passer le frontail par-dessus les oreilles et rejeter le dessus de tête en arrière de manière que le décamètre soit sur toute son étendue appliqué sur la peau du cheval. Allonger s'il est nécessaire les montants du bridon pour éviter que la commissure des lèvres ne soit plissée;

2o Circonférence du corps au passage des sangles;

3o Tour longitudinal du corps, pris à hauteur de la pointe de l'épaule et à 15 centimètres au-dessous de la pointe des fesses. Avoir soin que le cheval soit d'aplomb sur ses quatre membres;

---

(1) Les commandants de corps d'armée appelleront spécialement l'attention des présidents de commission de classement sur ce fait qu'on ne doit pas classer dans la catégorie du trait léger des chevaux qui ne peuvent être qu'attelés, le cheval d'artillerie devant souvent être porteur et une batterie ne se conservant en état de marche que par l'interchangeabilité de tous ses chevaux, porteurs, sous-verges, chevaux de selle. Le cheval de 5e catégorie doit donc, quant à son dessus, être apte à la selle. Il sera d'ailleurs utile d'attirer spécialement l'attention des commissions sur les qualités de conformation du dos des cinq premières catégories.

(2) En ce qui concerne le classement des chevaux de 6e catégorie qui, dans la plupart des régions, présentent de très notables excédents, les commandants de corps d'armée inviteront les présidents de commission à se montrer plus sévères que par le passé.

Il est à craindre, en effet, qu'à la mobilisation, les opérations des commissions de réquisition ne soient gênées ou retardées par l'encombrement que formera une foule de sujets médiocres ou même inutilisables, qu'il sera nécessaire d'éliminer au dernier moment.

Cette observation s'applique, en particulier, aux chevaux entiers, qui, en principe, ne sont pas utilisés à la mobilisation.

4° Longueur d'un grasset à l'autre en passant par-dessus le rein. Pour éviter les divergences pouvant résulter de la manière d'opérer, prendre pour grasset le point A de la figure 1. Tendre ensuite le décamètre du point A de droite au point A′ de gauche et dans le plan vertical du point A ; on aura ainsi la longueur d'un grasset à l'autre;

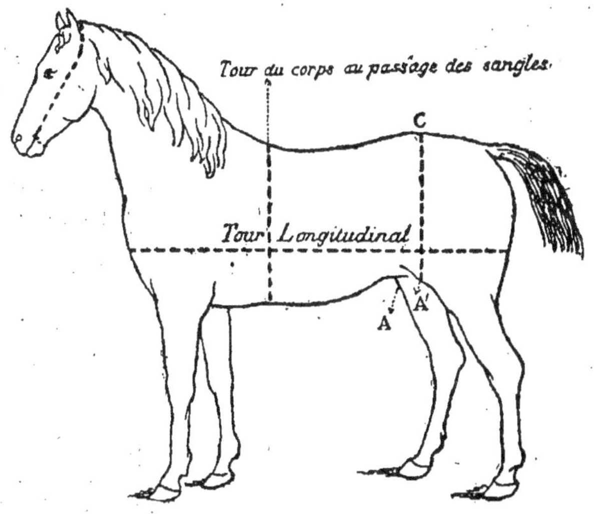

Fig. 1.

5° Longueur du rein à la naissance de la queue, marquer avec le doigt le point C où la ligne AA′ précédente coupe la colonne vertébrale, et considérer ce point comme le rein.

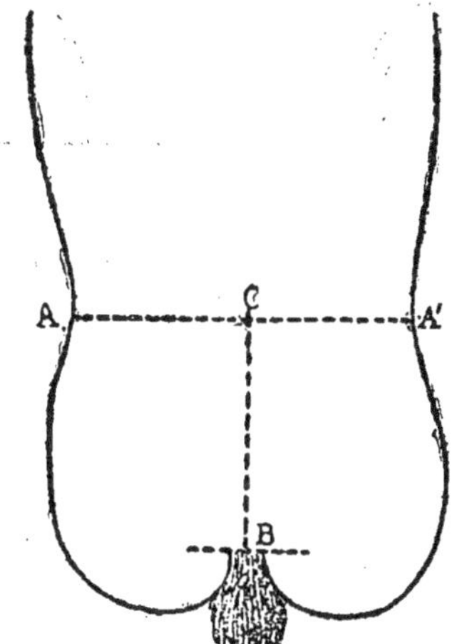

Fig. 2.

Tendre le décamètre du rein ainsi défini à la naissance de la queue, en prenant pour ce dernier point l'intersection B du tronçon avec les fesses, comme l'indique la figure 2;

6° Largeur d'embouchure, prendre une tige de bois ou de métal, l'introduire dans la bouche du cheval et prendre la largeur d'une commissure à l'autre au ras des lèvres.

Il importe de remarquer que certaines mesures sont prises en faisant abstraction des définitions anatomiques, mais elles ont l'avantage de bien préciser les points désignés. De plus, comme les mesures prises antérieurement pour l'établissement des tableaux de concordance ont été faites en partant de ces données, il convient de s'y conformer strictement, sans majorer ou diminuer les mesures ainsi prises.

Les mesures, exprimées en centimètres, seront consignées dans les colonnes 5 à 11 d'un état conforme au modèle n° 17. Dans les colonnes 1, 2, 3, 4, on fera figurer le pour 100 des animaux de la catégorie à laquelle ces mesures doivent s'appliquer.

Dans la colonne 12, on indiquera le nom des communes où ces mesures auront été prises.

Une expédition de cet état sera adressée, à la fin des opérations, par chaque commission, à M. le général commandant le corps d'armée pour être remis à M. le général commandant l'artillerie, auquel il est destiné.

En outre, dans le gouvernement de Paris, les 1er, 6e, 7e, 9e, 14e, 15e 16e et 20e corps d'armée, les commissions établiront une deuxième expédition dudit état pour être transmise par l'intermédiaire du commandant de corps d'armée aux écoles du génie, conformément aux dispositions de la dépêche ministérielle du 25 janvier 1897 (4e Direction ; 2e Bureau).

Les commandants de corps d'armée appelleront l'attention des commissions de classement sur l'intérêt qu'il y a à ce que les mensurations consignées dans ledit état soient aussi exactes que possible.

Sont ajournés :

1° Les animaux qui n'atteignent pas le minimum de taille fixé.

Les propriétaires de ces animaux sont tenus de les présenter aux classements suivants, dans le cas où la taille serait abaissée pour ce nouveau classement (1) ;

2° Les animaux reconnus momentanément impropres au service de l'armée pour des causes accidentelles. Ces derniers doivent, dans tous les cas, être présentés au classement suivant.

Sont définitivement réformés les animaux reconnus complètement impropres à tout service pour cause de vieillesse, d'usure ou de tares. (Les tares qui ne nuisent pas aux allures ne sont pas une

---

(1) Toutefois, il conviendra d'inviter les présidents des commissions de classement à réformer dans une large mesure les chevaux n'ayant pas la taille légale, et impropres à un bon service de guerre.

cause d'exclusion.) Les propriétaires des animaux réformés sont dispensés pour l'avenir de les présenter de nouveau.

Les décisions de la commission sont indiquées séance tenante aux propriétaires, par le président de la commission, pour chaque animal classé, ajourné ou réformé ; elles ne sont accompagnées d'aucun commentaire.

En ce qui concerne les animaux classés, le président fait connaître au propriétaire la catégorie dans laquelle l'animal est inscrit.

Pour les animaux ajournés, il indique au propriétaire si c'est par défaut de taille ou pour manque d'état.

Enfin il invite les propriétaires d'animaux réformés à se faire délivrer, dans un délai qui ne doit pas dépasser un mois, par la mairie, conformément à l'article 85 du décret du 2 août 1877, un certificat (modèle n° 11) constatant la décision de la commission.

Il les informe, d'ailleurs, que ces animaux ne devront plus être présentés à l'avenir aux commissions de classement.

Le certificat de réforme ainsi obtenu est présenté, au recensement suivant, à la mairie du lieu où se trouve le cheval, avec une attestation par écrit de deux propriétaires ou patentables voisins ou d'un vétérinaire constatant que le cheval ou mulet réformé n'a pas été changé.

Voitures attelées.

Art. 32. Les opérations d'inspection et de classement des voitures attelées sont réglées par l'instruction spéciale annexée à la présente circulaire.

Établissement des tableaux de classement n°s 2 et 2 *bis*.

Art. 33. Les décisions de la commission sont consignées, tant sur les tableaux (modèles n°s 2 et 2 *bis*) que sur la liste de recensement (modèle B) de l'instruction du 29 septembre 1898 et le registre de recensement des voitures (modèle n° 1 de l'instruction du 16 du même mois) pour tous les animaux et toutes les voitures sans exception.

L'inscription de chaque animal définitivement admis se fait au fur et à mesure, en suivant l'ordre alphabétique des noms des propriétaires, dans la catégorie correspondante dudit tableau n° 2.

Il est donné sur ce même tableau (colonne 1) un numéro d'ordre à chaque animal, lors même que plusieurs animaux appartiendraient au même propriétaire.

Les tableaux (modèles n°s 2 et 2 *bis*) doivent toujours être établis et signés, même s'ils sont négatifs, pour toutes les communes soumises au classement qui possèdent des animaux et des voitures d'après le recensement de 1899.

Les tableaux devront faire ressortir pour chaque commune, à la suite de la récapitulation, le nombre des animaux de chaque catégorie qui, inscrits en 1899 sur ces tableaux, figuraient déjà sur ceux du dernier classement opéré dans la commune.

Chacun des tableaux nos 2 et 2 *bis* est dressé en deux expéditions. L'une d'elles est remise au maire, qui la joint à la liste de recensement des animaux ou au registre de recencement des voitures attelées; l'autre expédition est destinée au bureau de recrutement.

Lorsque, en raison de l'importance des ressources qu'elle présente, une même commune doit être partagée pour les opérations de la réquisition entre deux ou plusieurs commissions de réquisition, le général commandant le corps d'armée donne à ce sujet des instructions particulières aux présidents des commissions de classement, afin que les tableaux modèles nos 2 et 2 *bis* soient établis séparément pour chacune des commissions de réquisition, soit par ordre alphabétique, soit par arrondissement urbain, soit d'après toute autre méthode pour la présentation des animaux aux commissions de réquisition.

Dans ce cas, les relevés numériques nos 3 et 3 *bis*, 4 et 5 dont il est question ci-après, comportent, pour une même commune, autant de lignes qu'il est établi de tableaux nos 2 et 2 *bis*, en indiquant le quartier ou l'arrondissement urbain auquel chaque ligne s'applique.

Chaque tableau no 2 est terminé par un total général des animaux classés, à la suite duquel le président de la commission doit indiquer par catégories le nombre d'animaux classés en 1899 figurant déjà au précédent classement.

En outre, l'officier président de la commission inscrit sur la liste (modèle B) du dernier recensement, en regard de chacun des animaux, dans la colonne à ce destinée (no 14), l'une des mentions suivantes, savoir :

« Classé, ajourné pour défaut de taille ou momentanément impropre au service, réformé, exempté, non présenté, changé de propriétaire, mort. »

A la suite de chaque mention, et pour y donner un caractère authentique, l'officier président apposera son parafe, après avoir rayé, bien entendu, les renseignements primitifs qui seraient en contradiction avec la décision de la commission.

Il rectifie, en outre, et complète, s'il y a lieu, le signalement de ces animaux sur ladite liste (modèle B).

Immédiatement après la dernière inscription, le président fera apposer la mention ci-après, qu'il revêtira de sa signature :

Certifié véritable :

A   , le   1899.

Le Président de la   e commission du   e corps d'armée,

(Signature, grade et corps.)

Le nouveau tableau (modèle n° 2) est remis au maire, en même temps que les diverses pièces et les registres qu'il avait communiqués au président de la commission.

Les officiers présidents complètent, au besoin, séance tenante, les listes de recensement qui présenteraient des lacunes ; ils inscrivent et classent d'office tout animal qui leur paraîtrait avoir été omis à tort sur cette liste ; ils vérifient les cas d'exemption.

Écritures à établir à la fin des opérations du classement par les présidents des commissions.

Art. 34. A la fin de ses opérations, chaque commission établit pour le bureau de recrutement du ressort :

1° Un relevé numérique (modèle n° 3) des animaux aptes au service de l'armée existant dans chaque commune ; ce relevé fera ressortir au-dessous du total général, dans chaque colonne, le renseignement relatif aux animaux déjà classés au dernier classement ;

2° Un relevé numérique par commune (modèle n° 3 *bis*) des voitures aptes au services de l'armée ;

3° Un relevé numérique (modèle n° 4) des animaux ajournés comme n'atteignant pas le minimum de la taille fixée, ou paraissant momentanément impropres au service de l'armée pour des causes diverses ;

4° Un relevé numérique (modèle n° 5) des animaux réformés ou exemptés.

Chacun de ces relevés doit indiquer nominativement toutes les communes de la circonscription soumises au classement, même celles où il n'existe pas d'animaux ou de voitures susceptibles d'y être portés.

Le relevé n° 3, ainsi que celui des animaux ajournés (modèle n° 4) et des animaux réformés ou exemptés (modèle n° 5), est transmis sans délai au bureau de recrutement du ressort avec les tableaux (modèle n° 2).

Les animaux qui n'ont pas été présentés au classement ne seront pas compris dans les résultats numériques par catégories portés sur l'état modèle n° 3 ; mais, à titre de renseignement, on en indiquera le chiffre total séparément par un renvoi placé à la fin dudit état et ainsi formulé :

« En outre,   animaux n'ont pas été présentés par leurs propriétaires, contre lesquels des procès-verbaux ont été dressés. »

Écritures à établir par les commandants des bureaux de recrutement.

Art. 35. Le commandant du bureau de recrutement établira pour sa subdivision :

A. — A l'aide des relevés numériques (modèle n° 3), un état (modèle n° 14) indiquant, par commission, le nombre des animaux par catégorie. Des colonnes spéciales feront ressortir le nombre des animaux de toute catégorie compris dans le dernier classement et déjà classés antérieurement, et le nombre des animaux classés pour la première fois.

B. — A l'aide des relevés numériques (modèle n° 4), un état récapitulatif (modèle n° 15) des animaux ajournés, par catégorie.

C. — A l'aide des relevés numériques (modèle n° 5), un état récapitulatif (modèle n° 16) des animaux réformés ou exemptés, par catégorie.

Chaque état indiquera, dans la première colonne, le numéro de chaque commission de classement.

Ces trois états, qui seront établis à la main, me seront adressés (Bureau des Remontes), par les commandants de corps d'armée à la date du 1er juillet 1899.

Le relevé modèle n° 3 *bis* me sera adressé directement sous le timbre de la 3e Direction (Bureau du matériel de l'artillerie et du train des équipages militaires).

TITRE VI.

ANIMAUX EN DEHORS DE LA RÉSIDENCE HABITUELLE DES PROPRIÉTAIRES AU MOMENT DU CLASSEMENT.

Art. 36. Les propriétaires dont les animaux et les voitures attelées sont inscrits sur les listes de recensement de communes non soumises au classement en 1899, et qui se trouveraient avoir momentanément ces animaux et ces voitures sur le territoire d'une commune soumise au classement, n'auront pas à présenter leurs animaux et leurs voitures au moment où la commission passera dans cette dernière commune.

En ce qui concerne les propriétaires dont les animaux et voitures sont inscrits sur les listes de recensement de communes soumises au classement en 1899 et qui se trouveraient avoir leurs animaux et leurs voitures dans une autre commune au moment des opérations des commissions, il pourra se produire les deux cas suivants :

a) La commune où se trouvent ces animaux et voitures est soumise au classement en 1899 ;

b) La commune où se trouvent ces animaux et voitures n'est pas soumise au classement en 1899.

a) Les animaux et voitures de la commune où ils ont été recensés, au moment des opérations du classement, se trouvent dans une autre commune soumise elle-même au classement :

Après l'inspection des animaux et voitures de la commune, la commission examine tous les animaux et les voitures qui lui sont amenés par les propriétaires habitant d'autres communes soumises au classement, et qui, pour un motif quelconque, ne peuvent les présenter dans la localité de leur résidence habituelle.

A la suite de cet examen, il est établi deux pièces :

1° Un procès-verbal (modèle n° 6 ou 6 *bis*);

2° Un certificat (modèle n° 7 ou 7 *bis*) qui est remis au propriétaire des animaux et des voitures.

Le procès-verbal modèle n° 6 ou 6 *bis* est dressé séparément pour chacune des communes auxquelles appartiennent réellement les animaux. Il est envoyé le jour même (1) au commandant de la brigade de gendarmerie dans le ressort de laquelle se trouve cette commune. Le président de la commission est autorisé à expédier ce procès-verbal en franchise et sous bandes, par la poste, dans tout le territoire de la République et pendant toute la durée des opérations.

Si le classement n'a pas encore été fait dans la commune à laquelle appartiennent les animaux, le commandant de la brigade de gendarmerie fait remettre cette pièce au président de la commission le jour où elle opère dans la localité; la commission en tient compte dans son travail.

Si le classement a eu lieu, les commandants des bureaux de recrutement auront à établir, à l'aide des imprimés modèles n°s 3 et 3 *bis*, des relevés numériques par commune et par commission de classement, des procès-verbaux n°s 6 et 6 *bis* qui sont parvenus trop tard pour être compris sur les tableaux de classement n°s 2 et 2 *bis*.

Ces relevés recevront les mêmes destinations que les relevés n°s 3 et 3 *bis*.

Dans le cas où le classement a déjà eu lieu dans la commune à laquelle appartiennent les animaux et si un procès-verbal de non-comparution a été établi contre le propriétaire, le commandant de la brigade de gendarmerie adresse un procès-verbal (modèle n° 10) au procureur de la République, afin que ce magistrat puisse arrêter les poursuites contre les propriétaires qui ont fait examiner leurs chevaux ou leurs voitures en dehors de leurs communes.

Les pièces n°s 6 et 6 *bis* sont adressées, par les soins du même commandant de brigade, au commandant du bureau de recrutement du ressort, qui les joint aux tableaux n°s 2 et 2 *bis* de la commune correspondante et en transmet une copie certifiée au maire de ladite commune.

La copie du procès-verbal n° 6 sera mise à l'appui de la liste de recensement (modèle B), ou, si l'animal a été classé apte au service, à l'appui du tableau de classement n° 2 restant dans la commune.

Il en sera de même de la copie du procès-verbal n° 6 *bis*. Elle sera, suivant le cas, mise par le maire à l'appui du registre de recensement modèle n° 1 des voitures ou du tableau de classement n° 2 *bis*.

---

(1) Cette recommandation doit être suivie strictement.

b) *La commune où se trouvent momentanément les animaux et voitures absents de celle où ils ont été recensés et où a lieu le classement n'est pas elle-même soumise au classement :*

Les animaux et voitures qui se trouveront dans cette situation seront exemptés des formalités du classement, mais les propriétaires devont se procurer un certificat délivré par le maire de la commune où se trouvent leurs animaux et attestant que ces animaux étaient bien présents dans cette commune le jour où a eu lieu le classement dans la commune de leur résidence habituelle.

Cette attestation est adressée par le propriétaire lui-même au commandant de la brigade de gendarmerie de laquelle dépend la commune où les animaux et les voitures ont été recensés et où a lieu le classement. Si un procès-verbal de non-comparution a été dressé, le commandant de la brigade adresse un procès-verbal (modèle n° 10) au procureur de la République, afin que ce magistrat puisse arrêter les poursuites.

TITRE VII.

MESURES A PRENDRE CONTRE LES PROPRIÉTAIRES QUI N'AMÈNENT PAS LEURS ANIMAUX OU QUI NE LES ONT PAS DÉCLARÉS POUR LE RECENSEMENT.

Art. 37. Les propriétaires de chevaux, juments, mulets, mules et voitures attelées qui ne se conforment pas aux dispositions du titre VIII de la loi du 3 juillet 1877, peuvent être déférés aux tribunaux et sont passibles d'une amende de 25 francs à 1000 francs (art. 52).

A cet effet, le président de la commission, après avoir constaté l'absence des animaux et des voitures au moment de l'appel, aux lieu, date et heure indiqués, comme il est dit au titre IV, et avoir appelé de nouveau les manquants à la fin de chaque séance, établit quand il y a lieu, une déclaration (modèle n° 8) et requiert la gendarmerie de dresser un procès-verbal collectif de non-comparution. Ce procès-verbal sera transmis le jour même par la gendarmerie au procureur de la République, chargé d'assurer l'application de la loi.

Les propriétaires non comparants qui justifient d'un des cas d'exemption prévus par l'article 40 de la loi du 3 juillet 1877, complété par les décrets des 9 avril 1878, 25 février 1879, 27 octobre 1883, 7 février 1887, 23 novembre 1888, 22 juin et 30 août 1891, 4 juillet et 21 août 1892, 4 février, 23 juillet et 10 octobre 1893 et 30 juin 1896, la circulaire ministérielle du 16 septembre 1898 (état A ci-joint), et ceux pour lesquels il est prouvé que leurs animaux ont été vus par une commission opérant dans une autre commune, ou qu'ils ont été vendus ou cédés avant le jour fixé pour la présentation devant la commission, ou bien encore qui ont produit le certificat visé au paragraphe *b* de l'article 35 de la présente instruction, ne doivent pas être l'objet de poursuites.

A défaut de preuves. suffisantes, la gendarmerie fait les recherches nécessaires, et, qu'une excuse ait été ou non énoncée, établit un procès-verbal individuel, qu'elle adresse, comme il est fait pour le procès-verbal collectif, à M. le procureur de la République.

D'autre part, l'article 36 de la loi précitée ayant rendu obligatoire pour les propriétaires la déclaration, à la mairie, de leurs chevaux et mulets ayant l'âge légal et des voitures attelées, le président de la commission établit, toutes les fois qu'il reconnaît que cette déclaration n'a pas été faite, une pièce modèle n° 9.

Il requiert en même temps la gendarmerie de dresser contre tous les délinquants un procès-verbal individuel, qui reçoit la même destination que les précédents. Cette pièce indiquera, à titre de renseignements, les motifs d'excuse qui pourront être donnés par les intéressés.

Il est établi un procès-verbal différent pour chaque espèce de délit, lors même qu'il s'agit du même propriétaire.

Pour les uns et les autres procès-verbaux, la gendarmerie se conformera aux dispositions du décret du 1er mars 1854.

Tous les animaux et voitures attelées susceptibles d'être requis, qui n'ont pas été recensés ou présentés au classement, qu'une amende ait été prononcée ou non, tomberont, en cas de mobilisation, sous l'application des dispositions de l'article 45 (§ 1, 4°) de la loi du 3 juillet 1877.

Ils ne seront pas compris dans les résultats numériques par catégories portés sur l'état (modèles n°s 3 et 3 *bis*) ; on en indiquera seulement, par un renvoi et séparément, le chiffre total à la fin dudit état, à titre de renseignement.

TITRE VIII.

RESPONSABILITÉ DES MAIRES.

Art. 38. Je rappelle qu'aux termes de l'article 52 précité de la loi du 3 juillet 1877, les maires qui ne se conforment pas aux dispositions du titre VIII de cette loi sont passibles des mêmes amendes que les propriétaires de chevaux et de voitures attelées.

Il a été constaté depuis plusieurs années que, dans certaines communes, les maires négligent de se conformer ou se conforment imparfaitement aux dispositions de ladite loi (art. 37) et au décret du 2 août suivant (1re section, art. 74 à 81), qui prescrivent d'effectuer annuellement, dans chaque commune, un recensement général des chevaux, juments, mulets et mules et, tous les trois ans, le recensement des voitures attelées de chevaux et de mulets.

Pour 1899 ce recensement, en ce qui concerne les animaux, a fait l'objet de la circulaire ministérielle précitée, du 29 septembre

1898; pour les voitures attelées, le recrutement est réglé par la circulaire du 16 du même mois.

En conséquence, chaque fois qu'un président de commission de classement reconnaîtra qu'il n'a pas été procédé au recensement prévu par la loi, il établira une pièce conforme au modèle n° 9 *bis*, constatant l'infraction commise. Cette pièce relatera, à titre de renseignements, les motifs d'excuse qu'auront pu invoquer les intéressés ; elle sera adressée au commandant de corps d'armée qui la transmettra au Ministre de la guerre (2ᵉ Direction ; Bureau des Remontes) pour la suite à y donner.

DISPOSITIONS DIVERSES.

Art. 39. Je recommande tout particulièrement à MM. les préfets de ne pas omettre de faire indiquer, dans les affiches qui doivent être publiées en aussi grand nombre que possible, dans chaque commune soumise cette année au classement, les pénalités auxquelles s'exposeraient les propriétaires qui n'amèneraient pas leurs chevaux, juments, mulets ou mules aux commissions de classement, ou qui feraient de fausses déclarations.

Ils signaleront, dans une circulaire particulière adressée aux maires et insérée au *Recueil des actes administratifs*, la responsabilité qui leur incombe, et les conséquences qui peuvent résulter pour eux de la non-exécution des devoirs que la loi leur impose (art. 52).

Ils rappelleront également dans cette circulaire, en reproduisant intégralement l'article 16 de la présente instruction, que les membres militaires des commissions de classement, ainsi que les cavaliers qui les accompagnent, ont droit, dans chaque localité, au logement chez l'habitant.

Les frais d'affiche que nécessitera le classement des animaux seront payés sur les fonds du chapitre XLII du budget (Recensement des chevaux). Les factures et pièces y relatives seront transmises directement par MM. les préfets aux fonctionnaires de l'intendance chargés d'en mandater le montant (1).

Les frais des insertions que les préfets feront au *Recueil des actes administratifs* seront payés par leurs soins sur les fonds spéciaux d'abonnement des préfectures, conformément aux dispositions de l'ordonnance royale du 15 mai 1822. Elles ne devront donc pas figurer sur les factures d'impression à adresser par les préfets aux intendants militaires.

Les factures dépassant 1500 francs devront être appuyées du marché passé avec le fournisseur.

J'enverrai, sous peu de jours, directement aux généraux com-

---

(1) Toutes les impressions concernant le département de la Seine devront être faites par l'Imprimerie nationale, conformément au décret du 28 août 1889.

mandant les corps d'armée, le nombre d'imprimés nécessaires (modèle n° 1) pour l'établissement des itinéraires; les imprimés restant de l'année 1898 pourront être utilisés en 1899.

Il sera attribué deux exemplaires de la présente circulaire à chaque commission de classement. Un de ces exemplaires devra être transmis par les commandants des bureaux de recrutement à chaque président de commission, assez à temps pour qu'il puisse l'étudier avant le commencement des opérations.

Un nombre suffisant d'exemplaires de cette circulaire et des états modèles n°s 2, 2 *bis*, 3, 3 *bis*, 4, 5, 6, 6 *bis*, 7, 7 *bis*, 8, 9, 12, 13 et 17 sera fourni par l'administration centrale (Bureau des Remontes) aux bureaux de recrutement, qui les répartiront, selon les besoins, entre les commissions de leur ressort. Ceux de ces imprimés, qui ont été envoyés pour le classement en 1898 aux bureaux de recrutement, et qui n'auraient pas été employés, serviront pour le classement de 1899, sauf les modèles n°s 2 et 2 *bis* dont la contexture est complètement changée.

Les anciens imprimés de ces deux modèles devront être détruits.

Les bureaux de recrutement rendront compte (Bureau des Remontes), par le retour du courrier, du nombre des imprimés utilisables, feuilles de tête et intercalaires, qu'ils possèdent.

Il en sera de même des anciens imprimés (modèle n° 10) fournis par l'administration centrale aux brigades de gendarmerie pour le dernier classement; un état numérique des imprimés restants me sera transmis, sans retard, par les chefs de légion de gendarmerie, afin que l'envoi du supplément nécessaire puisse être fait en temps opportun.

Les bureaux de recrutement fourniront, d'ailleurs, à chaque président de commission, pour mesurer la taille des animaux, une des toises dont l'acquisition a été prescrite antérieurement. Les réparations dont elles pourraient avoir besoin seront payées sur le crédit alloué à la région de corps d'armée au titre du chapitre XLII du budget (Recensement des chevaux).

Les certificats de réforme (modèle n° 11) seront envoyés par mes soins aux préfets, qui devront les répartir entre tous les maires, d'après les besoins probables; tous ceux restant encore de l'année 1898 ou des années précédentes devront être détruits.

Examen du matériel déposé dans les brigades de gendarmerie pour servir à la réquisition des chevaux et des voitures attelées.

Art. 40. Aux termes de l'instruction du 1er août 1879, relative à la réquisition des chevaux et des voitures attelées, en cas de mobilisation de l'armée (art. 33), le matériel ci-après doit, dès le temps de paix, être déposé dans toutes les brigades de gendarmerie des lieux de réquisition, autres que ceux qui sont la résidence des bureaux de recrutement, savoir :

1° Une toise pour vérifier la taille des animaux;

2° Un jeu de dix chiffres arabes et la lettre indicative du corps d'armée pour la marque au fer chaud.

En outre, il existe dans les lieux de réquisition un matériel de perches, planchettes, préparé pour l'exécution des opérations de la réquisition.

Les officiers présidents des commissions de classement devront s'assurer si, dans l'étendue de leur circonscription, ce matériel existe réellement et s'il est en bon état; ils devront, notamment, manier la toise. Ils feront connaître, dans un rapport spécial qui me sera adressé (Bureau des Remontes) par l'intermédiaire du commandement, les résultats de cette vérification. Ce rapport sera produit par tous les présidents de commission dans la forme prescrite par le modèle n° 13 ci-joint.

MM. les généraux commandant les corps d'armée feront connaître à l'avance, à chaque officier président, chacune des localités où doit se trouver le matériel à examiner et la composition de ce matériel.

Il appartiendra à ces officiers généraux de réformer le matériel de réquisition (marques, etc.) et de prescrire les réparations nécessaires.

Rapport d'ensemble à établir par chaque général commandant de corps d'armée.

Art. 41. Un rapport spécial, résumant les diverses observations auxquelles auront pu donner lieu les travaux des commissions qui opéreront le classement des animaux et des voitures, sera établi par chaque général commandant de corps d'armée et me sera adressé, au plus tard, le 10 juillet (Bureau des Remontes).

Ces rapports ne devront d'ailleurs contenir aucune proposition contraire aux dispositions de la loi du 3 juillet 1877 et du décret du 2 août suivant.

Examen des chevaux et mulets atteints ou suspects de morve.

Art. 42. Sur la demande de M. le Ministre de l'agriculture, j'ai décidé que, toutes les fois que le vétérinaire attaché à une commission de classement constatera des cas de morve sur les animaux présentés, le président en rendra immédiatement compte au préfet de police en ce qui concerne le département de la Seine, ou au sous-préfet de l'arrondissement pour tous les autres départements, au Ministre de l'agriculture (Service vétérinaire), au Ministre de la guerre (Bureau des Remontes) et au général commandant le corps d'armée.

A cet effet, le président dressera, quand il y aura lieu, à la fin de chaque séance, un état (modèle n° 12) en quadruple expédition, par commune, portant le signalement des animaux reconnus atteints ou suspects de morve, et l'indication des principaux symptômes de la maladie, avec les noms et prénoms des propriétaires et leurs domiciles.

L'exemplaire destiné à l'administration préfectorale sera envoyé le jour même, sous bande, par le commandant de la brigade de gendarmerie dans le ressort de laquelle opère la commission. Les trois autres exemplaires, destinés au Ministre de l'agriculture, au Ministre de la guerre et au général commandant le corps d'armée, leur seront transmis directement le même jour.

Les imprimés nécessaires seront fournis par l'administration centrale (Bureau des Remontes) et distribués aux présidents de commissions, par les soins des bureaux de recrutement, en même temps que les autres imprimés.

Observations.

Art. 43. Les dispositions de la présente circulaire sont applicables, en 1899, à l'Algérie, où le classement ne doit avoir lieu que tous les deux ans.

Je ne saurais trop recommander que chacun assure, en ce qui le concerne, la stricte et ponctuelle exécution des diverses dispositions contenues dans la présente instruction, à laquelle j'attache la plus grande importance.

Quant aux mesures à prendre à la suite du classement pour la répartition des animaux en cas de mobilisation, des instructions seront données comme précédemment aux commandants des corps d'armée sous le timbre de l'état-major de l'armée (1er Bureau).

Signé : C. DE FREYCINET.

INSTRUCTION SPÉCIALE

DU 24 MARS 1899

pour l'inspection et le classement, en 1899, des voitures attelées susceptibles d'être requises.

ANNEXE.

(Loi du 3 juillet 1877. — Décrets des 2 août 1877, 9 avril 1878, 25 février 1879, 27 octobre 1883 et 7 février 1887, 23 novembre 1888, 22 juin et 30 août 1891, 4 juillet et 21 août 1892, 4 février, 23 juillet et 10 octobre 1893 et 30 juin 1896. — Instruction ministérielle du 24 mars 1899.)

La commission mixte de classement inspecte toutes les voitures qui ne sont pas exclusivement affectées au transport des personnes et pour lesquelles l'attelage nécessaire est fourni par le propriétaire même de la voiture.

Il n'y a pas lieu à inspection ni, par suite, à classement :

1° Pour les voitures attelées de plus de 2 chevaux ;

2° Pour les voitures qui ne peuvent être présentées attelées avec 1 ou 2 animaux (chevaux, juments, mulets ou mules) appartenant au propriétaire de la voiture ;

3° Pour les voitures dont les attelages sont composés d'animaux non classés par la commission lors du dernier classement ;

4° Pour les voitures rentrant dans les cas d'exemption prévus au tableau modèle A de la circulaire ministérielle du 24 mars 1899.

Les opérations d'inspection et de classement des voitures sont faites, dans chaque commune, au même lieu et à la même époque que celles relatives aux chevaux, juments, mulets ou mules.

Chaque propriétaire, à l'appel de son nom, fait à l'aide de la liste de recensement des chevaux, présente sans interruption tous les animaux et voitures qui lui appartiennent ; les voitures sont présentées attelées.

Une inspection très sommaire, qui se fera le plus souvent d'un seul coup d'œil, permettra à la commission de classement d'éliminer immédiatement les voitures qui ne paraîtraient pas susceptibles d'être employées à un des services de l'armée et qui ne devront pas être classées.

D'une manière générale, on pourra considérer comme de nature à être utilement employées à l'armée, les voitures en bon état, présentant une grande capacité et pouvant transporter un chargement d'un poids élevé.

Dans ces conditions et par ordre de préférence, les voitures peuvent être rangées ainsi qu'il suit :

Voitures à 4 roues et à 2 chevaux..... { de front. / en flèche.

Voitures à 2 roues et à 2 chevaux..... { de front. / en flèche.

Voitures à 4 roues et à 1 cheval.

Voitures à 2 roues et à 1 cheval.

Les ressources totales du territoire, en voitures susceptibles d'être requises, sont très supérieures aux besoins généraux de la mobilisation ; quoique ces ressources ne soient pas toujours réparties de la façon la plus convenable, on devra tenir compte, dans une certaine mesure, de ces dispositions pour éliminer les voitures qui ne paraîtraient pas d'une manière certaine pouvoir être avantageusement employées en campagne. Il convient, en effet, de noter qu'en cas de mobilisation la réquisition des voitures devant s'effectuer dans l'ordre indiqué par le tirage au sort dont il sera question plus loin, il pourrait arriver qu'une voiture médiocre classée devrait être requise à l'exclusion d'une voiture d'un emploi préférable, dont le numéro de tirage serait plus élevé.

Il importe d'éviter, autant que possible, l'inconvénient signalé, et, à cet effet, on devra rejeter du classement les voitures qui, par leur forme, leur modèle de construction, leur poids, leur état de conservation (y compris les harnais), ne sembleraient pas susceptibles de faire immédiatement un bon service de guerre.

Toutes les voitures admises au classement seront portées sur le tableau n° 2 *bis*.

Une ligne horizontale sera réservée pour chaque voiture ; on réunira sous une même accolade les voitures appartenant à un propriétaire unique. Suivant l'espèce de la voiture considérée, on marquera une unité dans une des colonnes n°ˢ 3, 4, 5 ou 6. En regard de cette unité et sur la même ligne horizontale devra être inscrit le signalement complémentaire de la voiture.

Ce signalement complémentaire comprendra les indications ci-après :

Colonne n° 7. La capacité de la voiture sera indiquée dans cette colonne par l'une des trois mentions suivantes: petite, moyenne ou grande.

Afin d'établir à cet égard des termes de comparaison, la capacité d'une voiture est définie de la manière suivante :

Petite, pour les voitures comportant un chargement inférieur à 3ᵐᶜ ou à 800 kilogr. ;

Moyenne, pour les voitures comportant un chargement compris entre 3ᵐᶜ et 4ᵐᶜ ou 800 kilogr. et 1200 kilogr. ;

Grande, pour les voitures comportant un chargement supérieur à 4ᵐᶜ ou à 1200 kilogr.

Colonne nº 8. Si la voiture est suspendue, on mettra une unité dans la colonne 8, sinon on mettra des guillemets.

Colonnes nᵒˢ 9, 10, et 11. Même observation pour les indications à porter dans les colonnes 9, 10, et 11 et qui sont destinées à faire connaître si la voiture est couverte, si elle est munie d'une clef pour le graissage et d'un système d'enrayage.

Colonne nº 12. On inscrira dans cette colonne le classement qui sera donné par la commission et qui devra indiquer l'état de conservation de l'ensemble de la voiture et des harnais. Les voitures admises devant toutes être susceptibles d'être utilisées sans aucun retard, en cas de besoin, on n'admettra que les deux classements suivants : passable, bon.

Dans les colonnes 13 et 14, on inscrira les renseignements de nature à déterminer l'attelage correspondant à la voiture classée. Ces renseignements, fournis par le tableau ou procès-verbal nº 2, seront : pour un attelage à 1 cheval, le numéro de la catégorie et le numéro d'ordre dans cette catégorie ; pour un attelage à 2 chevaux, le ou les numéros de catégorie ainsi que les numéros d'ordre. Dans ce dernier cas, ces indications multiples seront réunies par une accolade correspondant à la ligne horizontale affectée à l'inscription de la voiture.

Dans la colonne 16, pour les voitures à 2 chevaux, on fera figurer une des mentions suivantes : « de front » ou « en flèche », destinée à faire connaître comment sont attelés les 2 chevaux de la voiture.

Après que toutes les voitures auront été présentées, il sera procédé séance tenante à un tirage au sort ayant pour but de donner un numéro d'ordre à chacune des voitures classées.

Pour procéder à ce tirage, il suffira de prendre un nombre de bulletins égal à celui des voitures classées, chacun de ces bulletins ayant reçu un des nombres de la suite naturelle, depuis 1 jusqu'au nombre total des voitures classées.

Ces bulletins sont tirés un à un par un membre de la commission ou par toute autre personne admise par le président.

Les numéros sortants seront inscrits dans la colonne 15, en suivant l'ordre dans lequel ils seront appelés, et successivement en regard des diverses voitures, de telle sorte que le premier numéro sortant soit affecté à la première voiture classée, le deuxième numéro sortant à la deuxième voiture, et ainsi de suite jusqu'à la fin.

Le tableau nº 2 *bis* est terminé par une récapitulation numérique des voitures classées ; il est signé par les membres de la commission et visé par le maire de la commune ou son représentant légal.

Ce tableau, même néant, est dressé en double expédition : l'une des expéditions est remise au maire qui la joint au registre de recensement des voitures attelées de la commune ; l'autre expédition est conservée provisoirement par le président de la commission pour servir, ainsi qu'il est dit plus loin, à l'établissement du relevé numérique modèle n° 3 *bis*.

Au moment de l'examen des voitures attelées, le registre de recensement des voitures de la commune est présenté par le maire. Après le classement donné aux voitures, le président de la commission rectifie, s'il y a lieu, et complète les indications qui figurent sur ce registre, notamment en ce qui concerne les colonnes 7 et 11, dans lesquelles on doit inscrire le classement de la voiture considérée et de l'attelage correspondant.

Après la dernière inscription, le président de la commission fera apposer sur le registre de recensement des voitures la mention suivante qu'il revêtira de sa signature :

Certifié véritable,

A   , le   1899.

Le Président de la   e commission
du   e Corps d'armée,

(Signature, grade et corps.)

Après l'inspection et le classement des voitures attelées de chaque commune, la commission examine les voitures qui lui sont amenées par des propriétaires habitant d'autres communes et qui, pour un motif quelconque, ne peuvent les présenter dans la localité de leur résidence habituelle ou à la commission de leur circonscription dans les grandes villes.

Le président de la commission se conforme, pour les mesures à prendre au sujet de ces dernières voitures, aux dispositions énoncées à l'article 37 de l'instruction pour le classement, en 1899, des chevaux, juments, mulets et mules et des voitures attelées susceptibles d'être requis pour le service de l'armée.

Les propriétaires qui ne présentent pas leurs voitures peuvent être déférés aux tribunaux et sont passibles d'une amende de 25 à 1000 francs. Il y a lieu de se reporter, pour les mesures à prendre contre les délinquants, aux dispositions prescrites par l'article 38 de l'instruction pour le classement, en 1899, des chevaux, juments, mulets et mules et des voitures attelées susceptibles d'être requis pour le service de l'armée.

Après avoir terminé les opérations d'inspection et de classement pour toutes les communes de son ressort, le président de la commission établit un relevé numérique, modèle n° 3 *bis*, d'après les indications portées sur les tableaux n° 2 *bis*.

Sur le relevé modèle n° 3 *bis*, une ligne horizontale sera affectée à chaque commune.

Les voitures qui n'ont pu être présentées et admises au classement ne seront pas comprises sur ce relevé, à l'exception toutefois de celles qui auront été classées par des commissions voisines et pour lesquelles, ainsi qu'il a été dit plus haut, les procès-verbaux n° 6 *bis* qui auront été dressés seront parvenus en temps utile à la commission intéressée.

On indiquera, dans le renvoi placé au bas du relevé n° 3 *bis*, le nombre total de voitures non présentées à la commission et qui ne figureraient pas sur un des procès-verbaux modèle n° 6 *bis*.

Enfin, dans les deux dernières colonnes du relevé n° 3 *bis*, le président de la commission inscrira le prix moyen approximatif, par commune, d'une voiture à deux roues et d'une voiture à quatre roues.

Ces chiffres seront donnés uniquement à titre de renseignement et ne sauraient évidemment être considérés comme correspondant à la valeur réelle d'une voiture déterminée; ils permettront toutefois de se rendre compte d'une manière approchée des dépenses qu'entraînerait une mobilisation dans certaines régions.

Le relevé modèle n° 3 *bis* est établi en double expédition : l'une des expéditions est destinée au bureau de recrutement du ressort; l'autre devra être adressée directement au ministère, sous le timbre du bureau du matériel de l'artillerie et des équipages militaires.

Les imprimés spéciaux (modèles n°s 2 *bis*, 3 *bis*, 6 *bis* et 7 *bis*) nécessaires pour les opérations d'inspection et de classement des voitures attelées, ainsi qu'un nombre suffisant d'exemplaires de la présente instruction, seront fournis par l'administration centrale (Bureau des Remontes) aux commandants des bureaux de recrutement, qui auront à les répartir entre les diverses commissions de leur ressort.

ÉTAT A

'es exemptions relatives aux réquisitions militaires prévues au titre
VIII de la loi du 3 juillet 1877, en ce qui concerne les chevaux,
juments, mulets, mules et les voitures attelées.

Sont exemptés de la réquisition prévue au titre VIII de la loi du 3 juillet 1877, en cas
de mobilisation, et de la présentation devant les commissions de classement en
temps de paix (art. 40 et 42 de la loi du 3 juillet 1877), mais sont soumis à la déclaration et au recensement (art. 83 du décret du 2 août 1877) :

1° Les chevaux appartenant au Chef de l'État ;

2° Les chevaux et voitures dont les fonctionnaires et les établissements publics désignés au tableau ci-après (décrets des 9 avril 1878, 25 février 1879, 27 octobre 1883,
7 février 1887, 23 novembre 1888, 22 juin et 30 août 1891, 4 juillet et 21 août 1892,
4 février, 23 juillet, 10 octobre 1893 et 30 juin 1896 sont tenus d'être pourvus pour le
service de l'État ;

3° Les chevaux entiers approuvés ou autorisés pour la reproduction, sauf justification
par pièces régulières ;

4° Les juments en état de gestation constatée par des certificats de saillie revêtus du
visa du maire, appuyés de l'affirmation de deux témoins et les juments suitées d'un
poulain, ou notoirement reconnues comme consacrées à la reproduction (cette dernière
condition ne sera admise que sur le témoignage de deux propriétaires possédant des chevaux, juments, mulets ou mules compris dans le classement) (1) ;

5° Les chevaux et juments n'ayant pas atteint l'âge de six ans, les mulets et les mules
au-dessous de quatre ans (la déclaration faite par les propriétaires au moment du recensement, concernant l'âge des animaux, fait foi, sauf la responsabilité prévue par l'article 52 de la loi du 3 juillet 1877) ;

6° Les chevaux et voitures de l'administration des postes ou ceux qu'elle entretient
pour son service par des contrats particuliers dont il sera justifié. D'après des dispositions concertées avec l'administration des postes et des télégraphes (circulaire ministérielle du 21 octobre 1880), un état indiquant les renseignements ci-après est remis par
es soins des commandants de corps d'armée à chaque président de commission, savoir :

A. — Les noms des entrepreneurs du service du transport des dépêches à pied ou à
cheval ;

B. — Les localités où sont installés les écuries ou relais de l'entreprise, le nombre
de chevaux affectés dans chaque localité au service des dépêches et le nom du propriétaire de ces chevaux ;

7° Les chevaux et voitures attelées affectés au transport du matériel nécessité par
l'exploitation des chemins de fer.

Sont exemptés, en cas de mobilisation, de la réquisition prévue au titre VIII de la
loi du 3 juillet 1877, de la présentation devant les commissions de classement et de la
déclaration au recensement en temps de paix (art. 75, 6°, du décret du 2 août 1877
pour les animaux et voitures du § 8, conventions spéciales pour ceux du § 9) :

8° Les chevaux, juments, mulets, mules et voitures attelées appartenant :

---

(1) Il doit être entendu que cette disposition ne s'applique qu'aux juments consacrées spécialement à la reproduction, à l'exclusion des juments de travail, lesquelles ne doivent être
exemptées que si elles sont en état de gestation apparente ou suitées d'un poulain.

a) Aux agents diplomatiques des puissances étrangères dans leur résidence officielle; mais ces agents sont soumis au droit commun en qualité de propriétaires ou locataires de biens-fonds qu'ils posséderaient ou affermeraient à titre particulier en France;

b) Aux agents consulaires des puissances étrangères, lorsqu'ils sont sujets de l'Etat qui les nomme et sous la condition qu'ils ne soient pas propriétaires d'immeubles ou qu'ils n'exercent aucun commerce ou industrie. Les agents consulaires, commerçants ou propriétaires, bénéficient toutefois de l'exemption lorsqu'ils sont nationaux des pays énumérés au § 9° ci-après.

(Ces animaux et voitures ne doivent figurer ni sur le registre de déclaration, ni sur la liste de recensement);

9° Les chevaux, juments, mulets et mules et voitures attelées qui sont la propriété des étrangers résidant en France et appartenant aux pays désignés ci-après, en faveur desquels l'exemption de toute réquisition militaire a été stipulée par des conventions spéciales, savoir :

Allemagne, République Argentine, Brésil, Chili, République Dominicaine, Equateur Espagne, Grande-Bretagne, Haïti, Honduras, Mexique, Russie, Sandwich, République Sud-Africaine, Suisse.

TABLEAU

indiquant les exemptions à accorder aux fonctionnaires et établissements publics qui sont tenus de posséder des chevaux, juments, mulets et mules, et des voitures pour le service de l'État.

DÉSIGNATION des MINISTÈRES.	DÉSIGNATION : 1° Des fonctionnaires qui sont tenus de posséder des chevaux et voitures ; 2° Des administrations auxquelles des chevaux de service et des voitures sont nécessaires.	NOMBRE D'ANIMAUX par fonctionnaire ou établissement.	NOMBRE DE VOITURES à 2 ou à 4 roues par fonctionnaire ou établissement.	OBSERVATIONS.
	Tous les ministres	»	»	Sans fixation de chiffres.
	Imprimerie nationale.			
JUSTICE.	Directeur et service..............	10	5	
	.....			
	.....			
	.....			
AFFAIRES ÉTRANGÈRES.	Le directeur des affaires politiques...	3	4	
	.....			
	.....			
	.....			
	.....			
	Préfets des départements..........	2	▪	
	Sous-préfets des arrondissements....	1	»	
	Établissements pénitentiaires.			
	Clairvaux (Aube)..................	6	5	
	Val d'Yèvre (Cher)................	11	5	
	Casabianca (Corse)	45	20	
	Castelluccio (Corse)................	8	4	
	Chiavari (Corse)..................	31	15	
INTÉRIEUR ET CULTES.	Saint-Han (Côtes-du-Nord).........	2	1	
	Gaillon (Eure)	1	1	
	Les Douaires (Eure)	10	5	
	Maison centrale de Nîmes (Gard).....	1	1	
	Colonie de Mettray (Indre-et-Loire)...	5	2	
	La Motte-Beuvron (Loir-et-Cher)	8	4	
	Fontevrault (Maine-et-Loire)........	3	2	
	Loos (Nord)	2	2	
	Saint-Bernard (Nord)..............	13	6	
	La Grande-Trappe (Orne)...........	2	2	
	Ecole Saint-Joseph, à Frasnes (Haute-Saône)..................	2	1	
	Atelier-refuge de Rouen	2	2	
	Saint-Hilaire (Vienne)..............	14	7	
	Aniane (Hérault).................	4	5	

DÉSIGNATION des MINISTÈRES.	DÉSIGNATION : 1° Des fonctionnaires qui sont tenus de posséder des chevaux et voitures ; 2° Des administrations auxquelles des chevaux de service et des voitures sont nécessaires.	NOMBRE D'ANIMAUX par fonctionnaire ou établissement.	NOMBRE DE VOITURES à 2 ou à 4 roues, par fonctionnaire ou établissement.	OBSERVATIONS.
	Établissements généraux de bienfaisance.			
	Maison nationale de Charenton (Seine).	3	2	
	Asile national de Vincennes (Seine)..	5	2	
	Asile national du Vésinet (Seine-et-Oise)......................	3	2	
	Institution nationale des sourdes-muettes de Bordeaux............	1	1	
	Hospice national du Mont-Genèvre...	1	1	
	Institution nationale des sourds-muets de Chambéry.................	1	1	
	Établissements hospitaliers.			
	Dépôt de mendicité de Montreuil-sous-Laon (Aisne).................	4	2	
	Hospice d'Angoulême (Charente).....	2	2	
	Dépôt de mendicité de Rabès (Corrèze)......................	1	1	
INTÉRIEUR ET CULTES. (*Suite.*)	Hospice général de Tours (Indre-et-Loire)......................	5	3	
	Hospice d'Alençon (Orne)...........	1	1	
	Dépôt de mendicité de Neurey (Haute-Saône).....................	2	1	
	Hospices du Mans (Sarthe)..........	1	1	
	Hospices de Poitiers (Vienne).......	1	1	
	Hospice de Reims (Marne)..........	1	1	
	Hospices de Montpellier............	3	»	
	Hôpital-hospice de Niort...........	11	»	
	Établissements dépendant de l'assistance publique de Paris (Seine).			
	Hôpital de la Charité, à Paris.......	1	1	
	— de la Pitié, à Paris...........	1	1	
	— Saint-Antoine, à Paris.......	1	2	
	— Necker, à Paris.............	1	2	
	— Beaujon, à Paris............	1	2	
	— Lariboisière, à Paris.........	2	2	
	— Saint-Louis, à Paris.........	2	3	
	— des enfants malades, à Paris...	2	1	
	— Sainte-Eugénie, à Paris......	2	2	
	— de Berck-s.-Mer (Pas-de-Calais).	3	1	
	Maison municipale de santé, à Paris..	1	2	
	Hospice des enfants assistés, à Paris..	4	3	
	— de Bicêtre (vieillesse, hommes), à Gentilly (Seine).........	6	4	
	— de la Salpétrière (vieillesse, femmes), à Paris............	6	6	
	— des incurables, à Ivry (Seine).	3	3	
	Maison des ménages, à Issy (Seine)..	2	3	

DÉSI-GNATION des MINISTÈRES.	DÉSIGNATION : 1º Des fonctionnaires qui sont tenus de posséder des chevaux et voitures ; 2º Des administrations auxquelles des chevaux de service et des voitures sont nécessaires.	NOMBRE D'ANIMAUX par fonctionnaire ou établissement.	NOMBRE DE VOITURES à 2 ou à 4 roues, par fonctionnaire ou établissement.	OBSER-VATIONS.
	Établissements dépendant de l'assistance publique de Paris (Seine) (suite).			
	Institution de Sainte-Périne, à Paris (Auteuil).........................	1	2	
	Amphithéâtre d'anatomie, à Paris.....	1	2	
	Hospice de la Reconnaissance (fondation Brézin), à Garches (Seine-et-Oise).	1	3	
	Asiles d'aliénés.			
	Prémontré (Aisne)................	6	3	
	Sainte-Catherine, commune d'Yseure (Allier)	3	2	
	Saint-Lizier (Ariège)...............	1	1	
INTÉRIEUR ET CULTES. (*Suite.*)	Rodez (Aveyron)	1	1	
	Aix (Bouches-du-Rhône)...........	2	1	
	Marseille (Bouches-du-Rhône).......	1	1	
	Breuty (Charente)................	2	1	
	Lafond, commune de Cognehors (Charente-Inférieure)	2	1	
	Bourges (Cher)...................	2	2	
	Dijon (Côte-d'Or).................	1	1	
	Lehon, près Dinan (Côtes-du-Nord)..	2	1	
	Bon-Sauveur, à Bigard (Côtes-du-Nord).	2	1	
	Evreux (Eure)....................	3	2	
	Bonneval (Eure-et-Loir)	3	2	
	Saint-Athanase, près Quimper (Finistère)	4	2	
	Toulouse (Haute-Garonne)...........	5	1	
	Auch (Gers).....................	2	1	
	Bordeaux (Gironde)...............	1	1	
	Cadillac (Gironde)................	2	2	
	Rennes (Ille-et-Vilaine)............	3	2	
	Saint-Robert, à Saint-Egrève (Isère)..	1	1	
	Dôle (Jura).....................	4	2	
	Blois (Loir-et-Cher)...............	2	2	
	Saint-Alban (Lozère)...............	2	1	
	Saint-Gemmes, près Angers (Maine-et-Loire)........................	4	2	
	Pontorson (Manche)..............	1	1	
	Picauville (Manche)..............	1	1	
	Saint-Lô (Manche)................	1	1	
	Châlons (Marne)	2	1	
	Saint-Dizier (Haute-Marne).........	1	1	
	La Roche-Gandon, commune de Mayenne (Mayenne)...............	2	1	
	Maréville (Meurthe-et-Moselle).......	4	2	
	Fains, près Bar-le-Duc (Meuse)......	1	1	
	La Charité, près Nevers (Nièvre).....	1	1	
	Bailleul (Nord)	6	3	
	Armentières (Nord)................	5	3	

DÉSIGNATION des MINISTÈRES.	DÉSIGNATION : 1° Des fonctionnaires qui sont tenus de posséder des chevaux et voitures ; 2° Des administrations auxquelles des chevaux de service et des voitures sont nécessaires.	NOMBRE D'ANIMAUX par fonctionnaire ou établissement.	NOMBRE DE VOITURES à 2 ou à 4 roues, par fonctionnaire ou établissement.	OBSERVATIONS.
	Asiles d'aliénés (suite).			
	Lommelet, à Marquette (Nord)	4	2	
	Alençon (Orne)	2	1	
	Pau (Basses-Pyrénées)	4	2	
	Bron (Rhône)	4	2	
	Le Mans (Sarthe)	1	1	
	Bassens (Savoie)	1	1	
	Sainte-Anne, à Paris	4	6	
	Vaucluse, commune d'Epinay-sur-Orge (Seine-et-Oise)	8	3	
INTÉRIEUR ET CULTES. (*Suite.*)	Ville-Evrard, commune de Neuilly-sur-Marne (Seine-et-Oise)	6	2	
	Quatre-Mares, à Sotteville-lès-Rouen (Seine-Inférieure)	6	3	
	Bon-Sauveur (Tarn)	1	1	
	Mont-de-Vergnes, à Avignon (Vaucluse)	2	1	
	La Roche-sur-Yon (Vendée)	2	1	
	Naugeat, à Limoges (Haute-Vienne)	1	1	
	Service municipal de Paris.			
	Octroi de la ville de Paris	4	2	
	Pompes funèbres de la ville de Paris.	364	»	
	Idem, de la ville de Marseille	40	»	
	Idem, de la ville d'Orléans	2	2	
	Administration centrale	3 (1)	3	(1) Ces chevaux appartiennent à un entrepreneur.
	1° Administration des Douanes.			
	Inspecteurs divisionnaires	2	»	
	Sous-inspecteurs divisionnaires	2	»	
	Employés des brigades à cheval	1	»	
FINANCES.	*2° Administration des Contributions indirectes.*			
	Receveurs ambulants à cheval	1	1	
	Commis principaux à cheval	1	»	
	Administration des Télégraphes.			
COMMERCE ET INDUSTRIE	Dépôt central à Paris	6 (1)	»	

DÉSI-GNATION des MINISTÈRES.	DÉSIGNATION : 1° Des fonctionnaires qui sont tenus de posséder des chevaux et voitures ; 2° Des administrations auxquelles des chevaux de service et des voitures sont nécessaires.	NOMBRE D'ANIMAUX, par fonctionnaire ou établissement.	NOMBRE DE VOITURES à 2 ou à 4 roues, par fonctionnaire ou établissement.	OBSER-VATIONS.
MARINE.	Hôpital maritime de Rochefort.......	1	5	
	Hospice des orphelines de la Marine de Rochefort.......................	1	1	
	Adjudicataires des travaux dans les ports et établissements de la marine :			
	A Cherbourg.......................	95	38	
	A Brest...........................	12	»	
	A Lorient.........................	20	2	
	A Rochefort.......................	10	»	
	A Toulon..........................	29	3	
	A Indret..........................	8	»	
	A Guérigny.......................	11	»	
	.....			
	.....			
	.....			
	.....			
INSTRUC-TION PUBLIQUE BEAUX-ARTS.	Faculté de médecine de Paris........	1	1	
	Lycée de Nantes....................	1	1	
	Service des bâtiments civils et palais nationaux.			
	Conservation du mobilier national ...	4	10	
	Palais du Luxembourg..............	1	2	
	Palais de Versailles................	1	2	
	Palais de Saint-Cloud	3	4	
AGRI-CULTURE.	*1° Service des haras.*			
	Inspecteurs généraux..............	2	1	
	Directeurs des dépôts d'étalons.......	1	1	
	Sous-directeurs des dépôts d'étalons..	1	»	
	2° Service des forêts.			
	Inspecteurs.......................	1	»	
	Sous-inspecteurs..................	1	»	
	Gardes généraux	1	»	
	Gardes généraux adjoints	1	»	
	Brigadiers du service des dunes......	1	»	
	.....			
	.....			
	.....			
	.....			
TRAVAUX PUBLICS.	*Service des ponts et chaussées.*			
	Les ingénieurs ordinaires chargés d'un service d'arrondissement..........	1		

PARIS. — IMPRIMERIE R. CHAPELOT ET C⁰, 2, RUE CHRISTINE